# SYLT

*1870-1920*

EINFÜHRUNG VON
RUDOLF WALTER LEONHARDT

BUCHER

Lektorat: Axel Schenck
Graphische Gestaltung: Hans F. Kammermann

Der Verlag dankt den jeweils am Ende der Bildlegenden genannten Archiven und privaten Leihgebern für ihre freundliche Reproduktionserlaubnis.

Ein besonderer Dank gilt Hans-Jürgen Stöver (Wenningstedt), ohne dessen kenntnisreiche Hilfe der Band so nicht zustande gekommen wäre.

PHOTOGALERIE BUCHER


Printed in Switzerland
ISBN 3 7658 0348 0

# Die Insel

*Von Kampen über List, Keitum, Hörnum nach Wenningstedt*
*Vom Jahre 1200 bis zum Jahre 2000*
*Eine Wanderung durch Zeit und Raum*

*Für unsere Insel-Crew:*

*Weddchen, Dörta,*
*Timmi, Tina,*
*Polly und Herrn Zott*

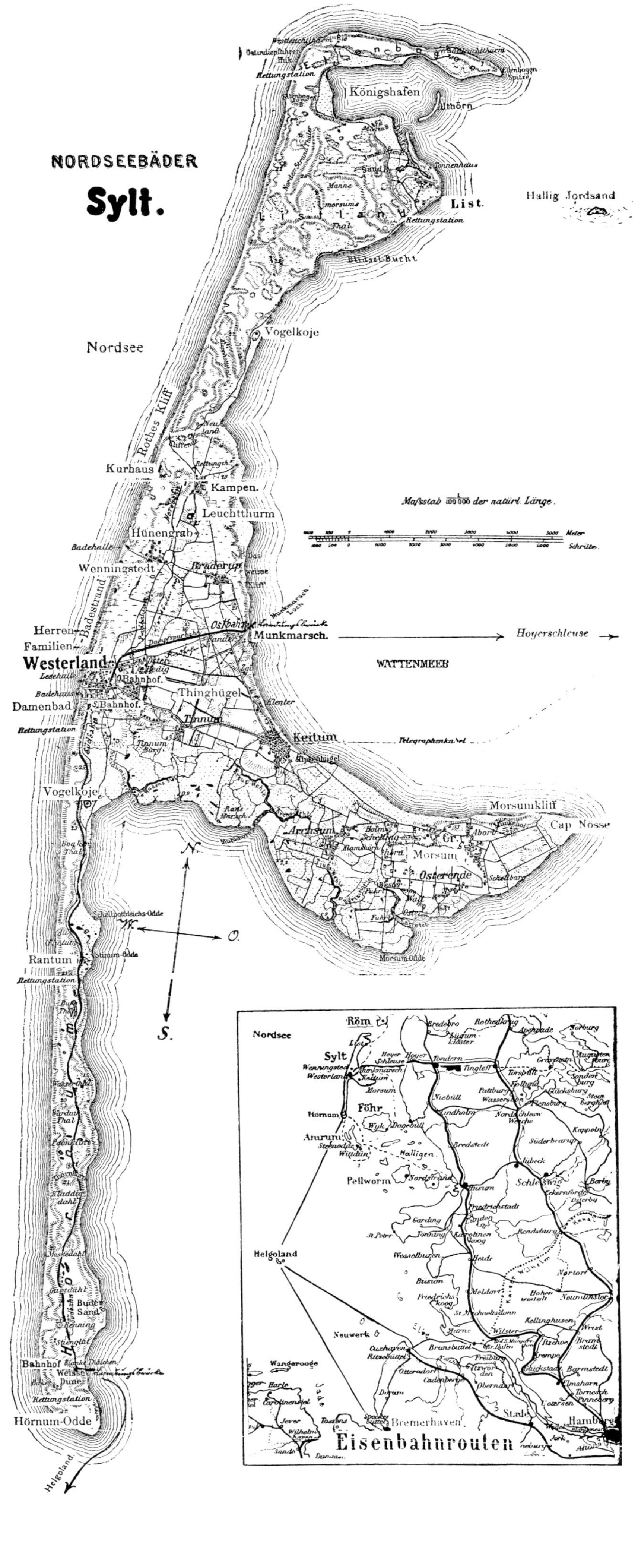
NORDSEEBÄDER
Sylt.
Königshafen
Uthörn
List.
Hallig Jordsand
Rettungsstation
Vogelkoje
Nordsee
Rothes Kliff
Kurhaus
Kampen.
Leuchtthurm
Hünengrab
Badehalle
Wenningstedt
Braderup
Munkmarsch.
Hoyerschleuse
WATTENMEER
Herren
Familien
Westerland
Bahnhof.
Damenbad
Thinghügel
Tinnum
Keitum
Morsumkliff
Cap Nösse
Archsum
Morsum
Osterende
Vogelkoje
N.
O.
S.
Rantum
Rettungsstation
Bahnhof
Hörnum-Odde
Helgoland
Eisenbahnrouten
Nordsee
Röm
Sylt
Föhr
Amrum
Pellworm
Helgoland
Neuwerk
Wangerooge
Bremerhaven
Hamburg

Mallorca ist eine Insel und Kreta. Auch Föhr und Amrum sind zweifellos Inseln. *Die Insel* jedoch, das ist für Eingeweihte nur eine, das ist nur Sylt.

»Sie ist nie dieselbe«, schrieb Peter Suhrkamp 1943, »und doch stets unverkennbar *die Insel.* Wie sie sich darbietet, das ist in keinem Augenblick nur ihre eigene Natur, immer ist auch etwas anderes dabei. Wer Erinnerungen an viele Orte in den verschiedenen Zonen der Erde mitbringt, der kann sich auf *der Insel* in einer homerischen Bucht oder auf einem schottischen Moor, in einem hochgelegenen Gebirgstal oder in der Sahara... wiederfinden. Um das zu finden, muß ein Mensch allerdings mit dem Gemüt offen, unter den beweglichen Winden der Phantasie liegen, wessen Inneres aber selbständige Geister, leichte oder dunkle Kobolde beherbergt, der kann sie auf *der Insel* schwer im Zwinger halten.« Peter Suhrkamp, der große Frankfurter Verleger, einer der vielen Hörigen der Insel, liegt auf der Insel begraben, auf dem Friedhof von Keitum.

Da das Haustier der Insel die Silbermöwe ist, liegt der Vergleich nahe: Sylt erscheint, von oben gesehen, wie eine etwas korpulente Möwe, die nach Westen fliegt. Westerland ist der Kopf dieser Möwe, Keitum das Herz, Morsum ein stumpfer Schwanz. Die beiden Flügel, ziemlich dicht am Kopf angewachsen, werden zunächst beängstigend schmal, an ihren Enden dann jedoch, in List und Hörnum, wieder rundlich wie der Schwanz.

Die Insel ist etwa vierzig Kilometer lang und an ihrer dicksten Stelle (Westerland-Morsum) zwölf Kilometer, an ihren dünnsten Stellen (im Norden das Listland, im Süden die Rantumer Gegend) vier- bis sechshundert Meter breit.

Die Insel liegt im hohen Norden, nördlicher geht es in Deutschland nicht mehr. Wir befinden uns auf dem 55. Grad nördlicher Breite, also in der Höhe von ehemals Königsberg, von Nordirland, Labrador, Alaska, Sibirien.

Die Insel ist etwa einhundert Quadratkilometer groß, also zehntausend Hektar. Von ihren zehn Gemeinden ist List die größte (1923 ha), Wenningstedt die kleinste (637 ha). Dazwischen liegen: Morsum

(1164 ha), Keitum (1040 ha), Kampen (869 ha), Westerland (843 ha), Tinnum (751 ha), Rantum (741 ha), Hörnum (717 ha) und Archsum (679 ha). Morsum, Keitum, Tinnum und Archsum haben sich zusammengeschlossen zur Supergemeinde Sylt-Ost.
Die höchste Erhebung des festen Geest-Bodens beträgt 27 Meter; man hat 1855 den Leuchtturm von Kampen darauf gestellt, der selber noch einmal 38 Meter hoch ist und daher als Wahrzeichen der Insel den Gast schon von weitem begrüßt. Auch die höchste Düne liegt bei Kampen, die Uwe-Düne, 53 Meter hoch.
All diese Zahlen werden schon bei der nächsten Kataster-Vermessung nicht mehr ganz stimmen, denn die Insel verliert durch Abbruch Jahr für Jahr an Land.
Auf den ersten Blick erscheint die Insel monoton, eine ganz von Dünen, Strandhafer und Heide beherrschte Mondlandschaft, und mittendrin Las Vesterland. Beim genaueren Kennenlernen bleiben nur Wind, Wellen und Wolken die gleichen, das uniforme Inselbild jedoch löst sich auf in eine Fülle von Bildern. Der Hafen von Hörnum und die Dünen des Listlandes, Keitums grüne Gepflegtheit und die abrupte Härte der Kliffs, sanftes Watt und brandende See – an Kontrapunkten fehlt es nicht.
Es gibt keinen besseren Weg, die Insel kennenzulernen, als einmal rundherum zu laufen. Heute tut das kaum mehr jemand. Das sind immerhin 107 Kilometer. Da bietet sich unterwegs viel Gelegenheit zu mancherlei Abschweifungen. Da ich im Laufe der Jahre die Insel mehrmals umrundet habe, in Etappen, versteht sich, bietet der Weg von Kampen über List, Keitum und Hörnum nach Westerland sich an wie eine Schnur, auf die sich aufreihen läßt, was mir zu Sylt einfällt.
Kampen ist, mehr als andere Gemeinden, verantwortlich für jenes Bild der Insel, das man ein Image nennt. Da sieht man die nackten Reichen, die mit den süßesten Mädchen wüsteste Orgien feiern. Sie rasen in Lamborghinis oder Maseratis, die Verarmten unter ihnen in Porsches, trunken von Selbstbewußtsein und Sekt über die Rennbahn von Kampen nach Westerland und wieder zurück nach Kam-

pen. Sie turnen erotischen Leistungssport in den Dünen hinter Buhne 16. Sie trinken bei Karlchen und essen bei Uli und tanzen im Village und kommen nachts spät und laut ins Bett. Das Knallen ihrer Autotüren zerreißt die Ruhe. Dann fahren sie ab nach Saint-Tropez, und im Winter treffen sie sich wieder in Sankt Moritz.

Es gibt keinen Qualm ohne Feuer. Ein bißchen so ist das schon, manchmal, im Juli und August, oben an der Hauptstraße und auf der Seeseite. Am Watt ist alles ganz ruhig.

Seinen Ruf als Refugium für Künstler, Literaten und andere Exzentriker, von dem das Image nur eine durch Illustrierten-Publizistik geförderte Perversion ist, dankt Kampen drei gastfreundlichen Häusern, deren Inhaber einen Sinn für das Besondere hatten: dem Haus Uhlenkamp des Ferdinand Avenarius, Klara Tiedemanns Pension Kliffende und dem Klenderhof des Cellisten »Bimbo« Baldner.

Der Journalist und jugendbewegte Dichter Avenarius, auch er liegt in Keitum begraben, holte am Ende die ganze Redaktion seiner Zeitschrift »Der Kunstwart« nach Kampen. Da er leider nicht wie Klara Tiedemann ein Gästebuch führte, wissen wir von seinen illustren Besuchern wenig. Seine Zeit, die Jahre vor dem Ersten Weltkrieg, war ja auch eher Aufbruch als Vollendung; die Namen der Aufbrechenden sind vergessen.

Ganz anders »Kliffende«, heute Erholungsheim für Bankangestellte, in den Jahren nach dem Ersten Weltkrieg. Da wurde ein Gästebuch geführt, und der berühmteste Gast schrieb darin am 11. September 1927: »Nicht Glück oder Unglück – der Tiefgang des Lebens ist es, worauf es ankommt. An diesem erschütternden Meere habe ich tief gelebt, und was es aufregte, das wird, gebe es Gott, irgendwie einmal ehrenhaft fruchtbar werden.«

Es wurde dem Dichter des »Zauberberg«, denn kein anderer war es, der sich da ins Gästebuch eingetragen hatte, durchaus fruchtbar. Von seinem Romanhelden Hans Castorp wird gesagt: »Auf Sylt hatte er, in weißen Hosen, sicher, elegant und ehrerbietig, am Rande der mächtigen Brandung gestanden wie vor einem Löwenkäfig, hinter dessen Gitter die Bestie ihren Rachen mit den fürchterlichen

Reißzähnen schlundtief ergähnen läßt. Dann hatte er gebadet, während ein Strandwächter auf einem Hörnchen denjenigen Gefahr zublies, die frecherweise versuchten, über die erste Welle hinauszudringen, dem herantreibenden Ungewitter auch nur nahe zu kommen, und noch der letzte Auslauf des Katarakts hatte den Nacken wie ein Prankenschlag getroffen. Von dorther kannte der junge Mensch das Begeisterungsglück leichter Liebesberührungen, deren volle Umarmung vernichtend sein würde.«

Einer der Gäste im Hause Kliffende war, 1928, der damals weltberühmte Cellist Max Baldner. Eine reiche jüdische Ehefrau ermöglichte es ihm, den Traum von einem eigenen Gästehaus in Kampen auf Sylt Wirklichkeit werden zu lassen. Es fiel noch größer, prächtiger, auch protziger aus als das Haus Kliffende. Wie eine Burg überragte es mit seinem Turm die Küste am Watt. Wir sind im Jahre 1933. Hermann Göring, einem der ersten illustren Gäste – Gast einer jüdischen Dame des Hauses – gefiel es so gut, daß er sich vom gleichen Architekten ein gleiches Haus an der Ostsee nachbauen ließ.

Gäste im Klenderhof waren, unter vielen anderen, der Bankier Hermann Josef Abs, Margot und Fritz von Opel, die Dirigenten Erich Kleiber und Hans Schmidt-Isserstedt, der rechts-konservative Journalist und Schriftsteller Hans Zehrer.

Max Baldner starb 1946. Seine jüdische Frau hatte die Herrschaft der SS und den Krieg irgendwie (aber fragt mich nur nicht, wie!) überlebt. Der Klenderhof wurde die renommierteste Adresse auf der ganzen Insel, bis Frau Baldner ihn schließlich an den Hamburger Verleger Axel Springer verkaufte.

Vom Klenderhof braucht man, wenn man den Weg quer durch die Dünen nimmt, zwanzig Minuten zum Strand. Manchen ist das zu weit. Sie fahren dann fünf Minuten mit dem Auto zu einem der drei großen Parkplätze und laufen von dort fünf Minuten zum Textilstrand, zehn Minuten zum FKK-Strand.

Das Wort FKK ist in Kampen unüblich und überhaupt nur als Abkürzung erträglich. »Freikörperkultur« brächten wir kaum mehr über die Zunge. In Kampen sagt einer wohl, leicht verschämt oder trotzig, er gehe zum Textilstrand. Der wird von Jahr zu Jahr schmaler. Das Vergnügen des Nacktbadens gehört zu den größten Ferienvergnügen, und nirgendwo wird es so selbstverständlich genossen wie in Kampen.

Propagiert wurde das Nacktbaden zuerst nicht in Kampen, sondern in Westerland, von einem Dr. Jenner, dem ersten Badearzt, der dort wirkte, also schon im 19. Jahrhundert. Und dem Arzt ging es allein um die Gesundheit. Wer an die heilende Wirkung von Wasser, Wind und Sonne glaubt, dem leuchtet auch ohne wissenschaftliche Nachweise ein, daß der unmittelbare, durch Textilien unbehinderte Kontakt der Haut mit den Elementen das Beste ist. Jedenfalls: nach ein paar Wochen Sylt wieder zurück im großstädtischen Freibad, empfindet man den nassen Lappen Badehose als ausgesprochen lästig.

Die schleswig-holsteinischen Sittendezernate befleißigen sich auf Sylt einer Großzügigkeit, die der Weisheit des Lykurg ebenbürtig ist, der die Mädchen und die Knaben Spartas anhielt, bei öffentlichen Prozessionen nackt zu gehen, wohl wissend, daß mit den Kleidern ein Hauptantrieb schwüler Sinnlichkeit fällt: die Neugier zu erkunden, wie's drunter möchte sein.

Gewiß läßt sich paradiesische Unschuld nicht allein dadurch wiederherstellen, daß man die Bekleidungsvorschriften des Paradieses wieder einführt. Auch war der griechische Dramatiker Euripides sicher allzu optimistisch, wenn er meinte, das Meer wasche alle Sünden ab. Der Polizeibericht von Sylt meldet Tag für Tag nicht nur zahlreiche Auto-Karambolagen, sondern vor allem auch viel Diebstahl und manchen Einbruch, Delikte also, die im Paradies nicht vorkamen. Aber von Voyeuren, Exhibitionisten und richtigen Sexualdelinquenten, auch von Prostitution liest man im Polizeibericht kaum.

Es ist eine alte Streitfrage, ob miteinander unter vielen anderen nackt sein denn nun die Libido errege oder abstumpfe. Ich glaube nicht, daß man, wie einst Aphrodite, eine verlorene Jungfräulichkeit wiedergewinnt, wenn man nackt ins Wasser steigt. Ich glaube jedoch auch das Gegenteil nicht, daß öffentlich nackt sein noch vorhandene Unschuld gefährdet. Jenseits aller Theorien haben viele Jahre Insel-

Erfahrung gelehrt, daß ein Nacktbadestrand weder als verläßliches Abgewöhnungsmittel noch als Aphrodisiakum funktioniert. Mit den Worten von Karl Kraus gesagt: »Nacktheit ist kein Erotikum, sondern Sache des Anschauungsunterrichts. Je weniger eine anhat, um so weniger kann sie der besseren Sinnlichkeit schaden.«

Es gibt inzwischen, nachdem Sylt den Weg gebahnt hatte, kein deutsches Seebad mehr, das nicht seinen Nacktbadestrand hätte. Aber auf der Insel, vor allem am Strand von Kampen, aber auch an den Stränden von List und Rantum, ist man selbstverständlicher nackt, weniger verkrampft, weniger um Rechtfertigung, wohl gar um Ideologie bemüht.

Es ist ja bezeichnend, daß die Sektierer des Nacktseins, die späten Nachfolger der Adamiten, eine auffällige Scheu haben vor dem Wort »nackt«. Sie wollten es einmal, allen Ernstes, durch »barleibig« oder »barwesig« ersetzen. Sie nennen sich Sonnen- oder Sauna-, Natur- oder Sportfreunde. Sie laufen nicht nackt herum, sondern »im Gotteskleid« oder »im Lichtkleid«. Sie gründen Vereine für Körperkultur, für natürliches oder naturnahes Leben oder, noch deutscher ausgedrückt, für »naturnahe Lebensgestaltung«.

Wer von der »Sturmhaube« in Kampen zum Strand hinunter und dort in Richtung Norden geht, hat viel Gelegenheit, über das Nacktsein nachzudenken. Es umgibt ihn viele Stunden lang. Will er nicht auffallen, dann tut er gut daran, seine Badehose manchmal anzuhaben, meistens jedoch sie lässig in der Hand zu tragen.

So geht es über den kurzen Kampener Textilstrand und dann am Bunker vorbei über den langen FKK-Strand. Ziemlich am Ende ist »Buhne 16« und sieht harmloser aus als in den illustrierten Zeitschriften. Danach wird es freier, man sieht viel weniger Menschen. Die Dünen sind hier ziemlich breit, die nächsten Parkplätze also weit.

Es läuft sich ungezwungen barfuß am Strand, freilich auch anstrengender als in Schuhen auf festem Grund. »Dieser weiße Sand ist eine Mißlichkeit«, klagte Julius Rodenberg im vergangenen Jahrhundert, als die Leute doch angeblich noch nicht so zivilisationsgeschädigt waren wie wir, die wir uns nur noch zwischen Schreibtischsesseln

und Autositzen bewegen. »Man sinkt oft bis an die Knöchel in den feuchten Kies, wenn man am Strande lustwandelt, und eine Promenade, die nicht länger als ein Stündchen zu währen braucht, macht todtmüde.«
Eine kleine Gruppe von Badenden deutet darauf hin: Wir sind an der Lister Strandsauna. Einer, der aus Schwaben kam, wie viel Sylter Unternehmungsgeist, hat sich das ausgedacht. Er hat drei Baracken aufgestellt mit Saunas, Aufenthaltsraum, Massageraum, Duschen. Draußen stehen ein paar Strandkörbe. Vor allem in der nicht ganz warmen Jahreszeit – und wann wäre es auf Sylt wohl ganz warm? – ermöglicht dies die angenehmste Art von Strandleben. Wenn einer sich vorher richtig aufgeheizt hat, dann sind auch fünfzehn Grad Wassertemperatur noch gut zu ertragen.
Anfänglich recht einsam, wird es bald wieder belebter am Strand. Dort baden jetzt die Kurgäste von List; aber da List den längsten und, vor allem am Ellenbogen, einsamsten Strand hat, wird er auch von vielen, die in Westerland oder Keitum wohnen, bevorzugt.
Auf der ganzen Halbinsel Ellenbogen gibt es nur: zwei Leuchttürme, eine meist versandete Privatstraße aus rissigen Betonplatten und Schafe. Im übrigen dient sie als Zielgebiet für Schießübungen der Luftstreitkräfte, die ihr mörderisches Treiben jedoch freundlicherweise während der Bade-Saison unterbrechen.
Wir kommen auf kriegerisches Gelände. Sobald wir das Ende der Halbinsel umrundet und Haus Uthörn erreicht haben, liegt auf unserem weiteren Wege nach List der Königshafen, inzwischen verschlickt wie die Häfen von Keitum und Munkmarsch, immer auf der linken Seite. Die wenigstens für kleinere Schiffe noch brauchbaren Häfen liegen an der Nordspitze und an der Südrundung der Insel, wo bei List wie bei Hörnum das Wattenmeer und die offene See sich strudelnd vereinen.
Der Königshafen erhielt seinen Namen vom dänischen König Christian IV. zum ehrenden Angedenken an die Seeschlacht des 16. Mai 1644, in der neun dänische Schiffe den Sieg davongetragen hatten gegen sechsundzwanzig holländische, ehe die sich mit den Schweden

im Krieg gegen Dänemark verbinden konnten. Achthundert Tote soll es bei dieser Schlacht gegeben haben. Davon, daß Sylter, die ja Untertanen der dänischen Krone waren, an der Schlacht teilgenommen hätten, ist nichts bekannt.
Die traten zweihundert Jahre später in Aktion, als es um ihre eigene Sache und gegen die Dänen ging. Am 21. März 1849 landete die dänische Corvette Valkyrien bei List und dänische Soldaten besetzten die Insel. Nachdem jedoch die Schleswig-Holsteiner bei Eckernförde die Dänen geschlagen hatten, zog sich auch die dänische Besatzung von Sylt wieder zurück. Die Geschichte Sylts ist so verworren wie die ganze Schleswig-Holsteinische Frage, die an Komplikationen allenfalls noch von der Irischen Frage übertroffen wird. Und immer, wenn eine Lösung gefunden schien, dann änderten die Dänen oder die Preußen die Frage.
Sehr vereinfacht gesagt, war das Herzogtum Schleswig, und mit ihm Sylt, bis zum Frieden von Wien im Jahre 1865 zwar selbständig, aber gleichzeitig dem König von Dänemark untertan. Die Sylter jedoch fühlten sich nie als Dänen; freilich auch nicht als Schleswiger, denn die »Jüten« auf dem Festland verachteten sie. Als Friesen fühlten sie sich und als Deutsche. Das gilt vor allem für Männer wie Uwe Jens Lornsen, den Nationalhelden der Insel. Das Haus, in dem er 1793 geboren wurde, kann noch heute in Keitum besichtigt werden.
Im Zweiten wie im sogenannten Dritten Reich der Deutschen fiel Sylt immer mehr die Rolle eines »nördlichen Bollwerks« zu. Hörnum und vor allem List »verdanken« den beiden Weltkriegen ihre Existenz. In List wurden schon während des Ersten Weltkrieges Torpedoboote und U-Boote stationiert, außerdem Wasserflugzeuge. Während die Soldaten des Ersten Weltkrieges dürftig genug in Notquartieren untergebracht waren, baute man ihnen vor dem Zweiten Weltkrieg Kasernen, Unteroffizieren und Offizieren auch kleine Einfamilienhäuser.
Die Kriege ruinierten die Seebäder Westerland, Wenningstedt und Kampen, als sie immer gerade so auf dreißigtausend Sommergäste gekommen waren. Die Kriege schufen aber auch eine Infrastruktur

für die Seebäder List und Hörnum, die es vorher als geschlossene Ortschaften gar nicht gegeben hatte.
Spuren des Krieges begegnen wir auf der Insel noch überall, nicht nur in der Lister und Hörnumer Kasernenarchitektur. Zahlreiche Bunker wurden zwar gesprengt, die Trümmer aber niemals beseitigt. An einem der originellsten werden wir auf unserem Weg um die Insel noch vorbeikommen.
Gehen wir von List südwärts, am Watt entlang, treffen wir auf eine weitere Folge des Krieges: in der Blidselbucht ist ein ganzes Dorf auf den Sand gebaut worden, das die schönen Namen Westerheide und Sonnenland trägt.
Das Listland gehört den Familien Diedrichsen und Paulsen, deren Vorfahren es vom dänischen König geschenkt bekommen hatten. Als Entschädigung dafür, daß das Reich gerade im Listland erst vier, dann sieben Jahre Krieg geführt und sich dabei über die Eigentumsrechte der Besitzer hinweggesetzt hatte, bekamen die Listlandbesitzer die Ausnahmegenehmigung, Parzellen im Landschaftsschutzgebiet als Bauland zu verkaufen. Ihre Schuld ist es nicht, daß damit in den sechziger Jahren das Startsignal gegeben wurde für einen Bau-Boom, der seitdem die ganze Insel wie ein Fieber schüttelt. Keine Gemeinde will der anderen nachstehen. Baut Westerland in die Höhe, dann baut Wenningstedt in die Breite, so daß es inzwischen schon fast im Süden mit Westerland, im Osten mit seinem Watt-Dorf Braderup zusammengewachsen ist. Selbst dereinst vernünftige Gemeinden wie Kampen und Keitum sind dem Baufieber erlegen. Denn noch immer sind die Insel-Gemeinden arm. Das Geld der von Jahr zu Jahr zahlreicher und auch reicher werdenden Inselfreunde, aus Hamburg und Berlin, die es nach einer Zweitwohnung auf Sylt gelüstete, kam ihnen gerade recht. Den großen Reibach jedoch machten die Bau-Unternehmer, und die kamen meistens vom Festland.
An der Blidselbucht entlang nach Süden, auf die Vogelkoje zu weiterzugehen, ist jetzt gar nicht mehr so leicht. Denn die Zweitwohnungsbesitzer pochen auf ihr Grundeigentum. Seitdem sieht man

auch auf der Insel, wo es derlei früher nicht gab, immer häufiger das deutsche Schild: »Betreten verboten«.
Heute ist die Vogelkoje eine angenehme Unterbrechung der Wanderung von der Blidselbucht nach Kampen, ein freundlich geführtes Gartenlokal mit Sehenswürdigkeit, nämlich jene von Maschendraht abgedeckten Gräben, in die man einst Enten zu Tausenden hineinlockte.
Zu ihrer Zeit waren die Sylter Vogelkojen ein wichtiger Wirtschaftsfaktor. Sie waren 1767 hier, 1874 in Eidum-Westerland und 1881 in Rantum errichtet worden nach holländischem Vorbild.
Jahrhundertelang waren die Inselbewohner arm. Immer lebten sie von der See, die ihr Leben bedrohte. Die Landwirtschaft brachte nicht viel mehr als das Brot für die zwei- bis dreitausend Einwohner. So viele mögen auf der Insel gelebt haben, ehe 1860 der erste Tourismus-Boom einsetzte, 1920 der zweite und 1950 der dritte, der dann die ursprüngliche Inselbevölkerung verzehnfachte.
Ein paar Hektar um Morsum und Archsum waren das einzige wirklich fruchtbare Gebiet. Als 1803 die Einwohner gezählt wurden, war denn auch Morsum die stärkste Gemeinde: 761 Menschen. Es folgten: Keitum 617, Westerland 437, Tinnum 332, Norddörfer (das heißt Kampen und Wenningstedt) 248, Archsum 226, Rantum 53. List und Hörnum gab es noch nicht.
Die ökonomischen Epochen der Insel ließen sich bestimmen als erstens die Zeit der Krieger, bis 1200, zweitens die Zeit der Fischer, 1200–1700, drittens die Zeit der Grönlandfahrer, 1700–1800, viertens die Zeit der Handelsschiffahrt, 1800–1900, fünftens die Zeit des Fremdenverkehrs, 1900–2000.
Die Zeit der Krieger reicht zurück in die Vorgeschichte, als Riesen mit Zwergen, Friesen mit Dänen kämpften.
Vom Fischfang lebte sich's oft nur ärmlich, und das Risiko war groß. In einer Petition um Steuernachlaß aus dem Jahre 1611 wird geltend gemacht: »Die Nahrung zur Sehwärts hat merklich abgenommen, und wir in etzlichen Jahren vast unglücklich gefischet, also daß unser armes Landt jetzt nicht mehr denn 4 Vischerschiffe oder Evers haben,

da wir für wenig Jahren über 20 gehabt, die übrigen aber mit unserem besten Volke und ihren Angewandten, Gute und Nahrung in erbermlicher Wassersnot umbkommen, dadurch Arme, Wittwen und Waisen gemachet, die auch darüber in schwerlicher Schultlast gerahten.«

Die Ärmsten der Armen mußten sich von Krabben und Austern nähren, bis der Tourist erfunden wurde, dem man weismachen konnte, dies seien gar nicht hoch genug zu bezahlende Kostbarkeiten.

Schon im Jahre 1652 sagt ein Chronist dann von den Syltern: »Ihrer viel ernehren sich mit dem Wallfisch-Fange, denn sie fahren jaehrlich hinüber hinter Eißlandt und Norwegen, an Groenlandt und Spitzbergen, auf sothane Wallfisch-Fang, welche sonst unsaubere Handtierung ihnen gut Geldt in den Beutel trägt.«

Die Walfischfänger waren wohlhabend. Noch besser jedoch erging es den Syltern, die, als Fischer mit der See vertraut, für die großen Walfischfänger auch in Navigation ausgebildet, von der ständig an Bedeutung gewinnenden Handelsschiffahrt profitieren konnten.

Die anschaulichsten Beschreibungen von Sylt im 19. Jahrhundert verdanken wir dem Journalisten Levy, der sich nach seinem hessischen Geburtsort Julius Rodenberg nannte und 1861 »Tagebuchblätter« veröffentlichte unter dem Titel »Stillleben auf Sylt«. Er soll unser wichtigster Kronzeuge sein. Zu diesem Aspekt des ökonomischen Insellebens schreibt er:

»Berühmt ist der Mut und das Geschick der Sylter Schiffscapitaine auf allen Meeren des Globus, und wenig Knaben gibt es hier, die nicht zur See gingen, sobald sie die Schule verlassen. Viele kehren nie zurück, keiner aber eher, als bis er auf vielen Fahrten so viel erworben, um nun daheim, nachdem die eine Hälfte des Lebens fortgestürmt ist, die andere gemächlich ›in Ruh verdehnen‹ zu können.«

Heute lebt die Insel so gut wie ausschließlich vom Fremdenverkehr, an dem sogar die zu Sylt-Ost zusammengeschlossenen Gemeinden partizipieren, die gar keinen Badestrand haben.

Sylt-Ost ist das dicke Ende der Insel, der gedrungene Körper mit Schwanz jener westwärts fliegenden Möwe. Von Kampen an entfernt

sich der Wanderer immer weiter vom Meer und kehrt erst nach einem guten Tagesmarsch, in Rantum, dorthin zurück.
Der Spaziergang von Kampen nach Keitum ist wohl der schönste auf der Insel. Dies ist daher eine der wenigen Strecken, auf denen der Inselumwanderer auch anderen Fußgängern begegnet. Niemand hält sich mehr an die Empfehlung, die Hans Bethge (in seinem Buch »Mein Sylt«) zu Anfang des Jahrhunderts gab:
»Wanderst du nach Keitum, so tu es, wenn das Watt in Ebbe liegt, auch muß es zur Dämmerung sein und an einem grauen Tage, wenn du an das Letzte denkst und an das Glück, das dir vorbeigegangen. Dann schreite an das wehe Watt, und wenn dich das Leben nicht leergebrannt, wird sich dein Sehnen in Tränen lösen.«
Am südlichen Ortsende von Kampen liegt einer jener vielen Bunker, die im Krieg gebaut worden sind. Dieser wurde nicht nur nicht abgerissen, sondern ausgebaut und umgestaltet zu einem der originellsten Nachtlokale der Welt. Die »Kupferkanne« war eine Super-Diskothek schon längst, ehe »Disco« die große Mode wurde.
Man tut was für seine Gäste auf der Insel, wenn auch vermutlich nicht nur aus edlen, selbstlosen Motiven. Vor hundert Jahren war das noch anders. Da klagte unser Julius Rodenberg:
»Von Essen und Trinken ist nicht viel zu sagen. Wir müssen an der Genügsamkeit, die uns umgibt, teilnehmen. Wir leben zwar am Meere, aber diesseits der Brandung halten sich keine Fische, und jenseits derselben fangen die Blankeneser sie uns weg. Wir schmachten nach Fischen, aber wir müssen uns an Entsagung gewöhnen.«
Heute kann von Entsagung keine Rede mehr sein. Im kulinarisch eher unterentwickelten Norddeutschland (wenn wir etwa mit Baden und dem Elsaß oder gar mit der Provence vergleichen) ist Sylt auch eine Insel der Gastronomie geworden. Dabei hat alles seinen Platz wie in einem gut eingespielten Theater. »Man« nimmt den Aperitif in Kampen, ißt in Sylt-Ost und feiert dann die frühe Nacht wieder in Kampen, die späte in Westerland.
Ganz so, ohne Rest, geht das natürlich nicht auf; aber es ist eben doch kennzeichnend, daß in Kampen sich niemals ein Speiselokal durch-

setzen konnte, während in Keitum keine Bar mehr als kurzfristigen Erfolg gehabt hat.
Den Aperitif kann man in Kampen schon mit dem Nachmittags-Kaffee anfangen lassen, der vorzüglich bereitet wird: bei Manne Pahl, in der »Kupferkanne« (nachmittags im Freien, mit herrlichem Blick weit übers Watt) und im »Gogärtchen«.
Wir nennen hier nur solche Etablissements, die, unabhängig von Saison-Schwankungen, sich schon viele Jahre gehalten haben und von denen daher anzunehmen ist, daß sie sich noch einige Jahre halten werden.
Kampens berühmte Bars heißen »Pony«, »Village« und vor allem »Bei Karlchen«, Deutschlands meistgenanntem Keeper, der außerhalb der Badesaison die Bar des Bonner Presseclubs führt – übrigens einer der wenigen Sylter Gastronomen, der wirklich auf der Insel eingeboren ist.
Konkurrenz belebt das Geschäft. Das war auch, aber nicht ausreichend, vor hundert Jahren schon so, als es auf der Insel zwei große Restaurants gab, in jedem der beiden einzigen Hotels eines, in der etwas älteren »Dünenhalle« wie im zwei Jahre später dazugekommenen »Strandhotel«.
Julius Rodenberg berichtet: »Meister Steffens ist kein geborener Sylter, aber sein Beruf hat ihn naturalisiert. Er ist der Wirt von Westerland, und die ›Dünenhalle‹ ist sein Herrschaftsgebiet. Meister Steffens ist ein kurzer, dicker Mann, der sich jetzt, in seinem sechzigsten Jahre, zum erstenmal den Schnurrbart stehen läßt. Er ist vermählt, hat aber keine Kinder; er arbeitet, wie er sagt, für die Menschheit. Sein Stolz ist ein dreieckiges Holzgerüst von eigener Erfindung, in welchem er Fleischkeulen aufhängt... Seine Freude ist der Ochsenbraten, den er mittags auf den Tisch setzt, und den Wert desselben bemißt er nach dem Schweiße, den er vergießt, wenn er ihn zerschneidet.«
Zwischenbemerkung: Anders sind manche Sylter Preise auch heute nicht zu erklären.
»Sein einziger Verdruß auf Sylt und Erden ist der ›Mann im Strand-

hotel‹, der sich als zweiter Wirt seit Anfang dieses Jahres gesetzt hat. Steffens verachtet diesen Mann, wie Moses, der Prophet vom Sinai, die Priester des Baal verachtet hat; er haßt ihn, wie Brutus den Cäsar gehaßt, und fürchtet ihn, wie Robespierre den Danton gefürchtet hat.«

Ach, die Dünenhalle und das Strandhotel, sie sind beide schon lange nicht mehr. Heute hat ihren Platz das »Hotel Stadt Hamburg« eingenommen, das wohl auch die beste Küche der Insel hat. Aber viel mehr Konkurrenten, auf die es aufpassen muß. Erfolgreichster Mitbewerber, wo es um das Dreisterne-Lokal der Insel ginge, wäre das »Landhaus Stricker« in Tinnum. Ferner, aber gar nicht weit weg, liefen: in Westerland noch »Käpt'n Hahn«; in Keitum das »Landschaftliche Haus« und vor allem »Fisch-Fiete«; in Morsum die »Badischen Weinstuben«; zwischen Keitum und Braderup »Die Blaumuschel«; in Wenningstedt am Dorfteich »La Bonne Auberge«; in List schließlich das Haus »Zum alten Seebär«. All diese Lokale können für sich geltend machen, den Härtetest der Jahre bestanden zu haben. Es gibt mindestens hundert mehr, von denen das eine oder andere auch genannt zu werden verdiente, wenn man nicht fürchten müßte, daß es im nächsten Jahr schon wieder verschwunden ist.

Vor allem in Westerland gehen neue Sterne auf und schnell wieder unter. Die Insel-Metropole, die diese Position zu Ende des vergangenen Jahrhunderts von Keitum übernahm, hat ja überhaupt manches von einer Goldgräberstadt im Mittleren Westen. Als erstes könnte einem in diesem Zusammenhang das Spielcasino einfallen. Aber das wäre nicht richtig. Unter den deutschen Glücksspielhallen ist das Casino von Westerland noch eine der angenehmeren, netteren, weil es dort, wie in Travemünde und Bad Reichenhall, noch Leute gibt, die aus Spaß am Spiel da sind und nicht nur, um schwarze Gewinne, von denen das Finanzamt nichts wissen darf, in redliche, steuerfreie Spielgewinne umzumünzen.

Als Westerland Keitum den Rang ablief, war Keitum gerettet und durfte weiterhin ein wunderschönes Dorf bleiben, das sogar gegen den Massentourismus bestehen kann.

Kein Schreiber kann nach Keitum kommen, ohne als erstes seine Reverenz dem Manne zu erweisen, dem wir alle unser Material verdanken, von dem wir alle gelernt haben. Christian Peter Hansen, »Uwe Lornsens Nachbar«, 1803 geboren, 1879 gestorben, war in Keitum Lehrer, Küster, Organist, Archivar, Schriftsteller. Es gab nichts auf der Insel, was ihn nicht interessierte. Über Fauna und Flora, über syltringische Sprache und Sagen, über Wirtschaft und Politik sammelte er alles, wußte er vieles, schrieb er die Bücher, von denen wir heute, wo es um vergangene Zeiten geht, nur abschreiben können: »Das schleswigsche Wattenmeer und die friesischen Inseln«, »Die nordfriesische Insel Sylt«, »Zur Geschichte der Halbinsel Hörnum«, »Söl'ring Tialen«, »Friesische Sagen und Erzählungen«, »Beiträge zu den Sagen, Sittenregeln, Rechten und der Geschichte der Nordfriesen«, »Die Friesen, Scenen aus dem Leben, den Kämpfen und Leiden der Friesen«. So bescheiden seine Titel immer sind, so profund war der Erfahrungsschatz, den er darunter ausbreitete. Er ist noch längst nicht ausreichend gewürdigt worden.

Als Lehrer ließ er auch seine Schüler über Sylt schreiben. Die Perle von einem Schulaufsatz bei Lehrer Hansen verdanke ich Manfred Wedemeyers Büchlein »Sylter Literaturgeschichte in einer Stunde«. Das Thema hieß »Der Charakter der Dünen auf Sylt«. Dazu schrieb im Jahre 1860, also kurz nachdem Westerland Seebad geworden war und Fremde auf die Insel lockte, der Schüler Theodor Petersen:

»Wenn die Fremden und die Badegäste hierher kommen, so machen sie hin und wieder Touren, beides nach den Lister Dünen sowie auch nach Hörnum. So manche Sylter sagen, das sind doch wahre Narren, das möchte ich nicht mitmachen. Die Badegäste aber rühmen das gewaltig, wenn sie dagewesen sind. Weshalb mag das doch wohl kommen? Viele Leute sagen, weil sie nichts anderes zu tun haben als umherzutreiben, deshalb gehen sie dahin.

Dieses ist aber nicht allein die Ursache, es steckt etwas anderes in den Dünen: die edle, reine, wilde Natur, woran die Menschen nichts verändert haben. Die reine, frische Seeluft und das große Meer rings um den Dünen, welches in anderen Stellen nicht so oft gefunden wird,

und dann die weißen Dünen, welche zusammen ein kleines Gebirge ausmachen.
Alle Sagen, die dahin gehören, sind auch sehr interessant, und dann die Brandung und die Schiffe, welche hin und her segeln auf dem Meere, wenn es stürmt vielleicht an den Strand kommen oder scheitern. Alle Greueltaten, Mord und Totschlag sind von alters her immer passiert in den Dünen. Alle schlechten Leute, welche von den anderen verstoßen werden, flüchten immer in die Dünen, weil sie sich da besser verbergen können. Solches alles macht den schönen Charakter der Dünen aus.«
Das eigene Erleben des Schuljungen kommt wohl im ersten Absatz zu Wort. Aus Absatz zwei und drei spricht die Stimme des inselliebenden Lehrers. Alles Angelernte wird da untergebracht, oft ein wenig gewaltsam. Das Beste ist die Räuberpistole mit ihrer unerwarteten und sicher auch unbeabsichtigten Pointe am Ende.
Es ist durchaus vorstellbar, daß in den Dünen, einsame Wüsten noch mitten im Touristenrummel, auch mal jemand umgebracht wurde. Heute geschieht derlei nicht mehr – im Gegenteil!
Alle Literatur, die es über Sylt gibt, ist Christian Peter Hansen verpflichtet. Dazu gehören die drei besten Syltbücher neuerer Zeit, denen ich viel verdanke: »Sylt – Ein Führer durch die Inselwelt« von Henry Koehn (1951), »Sylt – Geschichte und Gestalt einer Insel«, herausgegeben von Margot und Nico Hansen (1967) und »Sylt – Abenteuer einer Insel«, herausgegeben von Sven Simon unter Mitarbeit von Claus Jacobi und Manfred Wedemeyer.
Unter den Werken der direkt von der Insel inspirierten, Inselleben beschreibenden Belletristik ist keines der großen Literatur zuzuzählen, und keiner der Autoren war ein geborener Sylter. Es haben sich vor allem Berliner und Damen hervorgetan.
Der erste nennenswerte Roman, »Der Voigt von Silt«, erschien 1851, sein Autor war der Berliner Theodor Mügge. Die Verdienste jenes anderen Berliners, Ferdinand Avenarius, der 1914 eine poetische Skizze »Heimwärts« veröffentlichte, liegen nicht in erster Linie auf literarischem Gebiet.

Erste der Damen, die Sylter Themen literarisch zu bewältigen versuchten, war Bernhardine Schulze-Smidt mit ihrer Novelle »Inge von Rantum« (1881). Es folgten ihr viele, viele andere. In letzter Zeit Utta Danella mit »Stella Termogen oder Die Versuchung der Jahre« (1960) und Barbara Noack mit »Was halten Sie vom Mondschein?« (1966).
Da die Insel offensichtlich, aus welchem Grund auch immer, vor allem Damen und Berliner literarisch fruchtbar machte, ergibt es sich beinahe zwangsläufig so, daß der fruchtbarste Sylt-Autor eine Berliner Dame war. Sie hieß Margarete Boie und lieferte in den zwanziger Jahren fast jedes Jahr einen Sylt-Roman ab: »Schwestern – Der Jahreslauf einer Insel« (1921), »Die treue Ose« (1922), »Bo der Riese« (1923), »Der Sylter Hahn« (ihr *chef d'œuvre,* 1925), »Moiken Peter Ohm« (1926), »Dammbau« (1930).
Da Theodor Storm seine »Sylter Novelle«, 1969 veröffentlicht, als Entwurf liegengelassen hat und da Wilhelm Raabes »Deutscher Mondschein« (1873) den Autor des »Schüdderump« eher vergessen läßt, ist Sylt in die Literatur nur am Rande eingegangen.
Freilich ist nicht alles vorzeigbar und nachzuweisen. Wer wüßte denn, welche Bücher auf Sylt konzipiert worden sind oder geschrieben, wie Ernst von Salomons seinerzeit (1951) weltberühmter Roman »Der Fragebogen«? Thomas Manns Sylt-Reminiszenzen im »Zauberberg« wurden schon zitiert. Auf Sylt waren aber auch, zum Beispiel, Gustav Freytag, Gerhart Hauptmann, Stefan Zweig, Gottfried Benn, Carl Zuckmayer und Max Frisch. Wer weiß, wie der Sylt-Aufenthalt das Werk dieser Autoren beeinflußt hat.
Als größte literarische Huldigung an Sylt ließe sich ein Gedicht Rainer Maria Rilkes verstehen:

DIE INSEL

Die nächste Flut verwischt den Weg ins Watt
und alles wird auf allen Seiten gleich;
die kleine Insel draußen aber hat

die Augen zu; verwirrend kreist der Deich
um ihre Wohner, die in einen Schlaf
geboren werden, drin sie viele Welten
verwechseln schweigend; denn sie reden selten,
und jeder Satz ist wie ein Epitaph
für etwas Angeschwemmtes, Unbekanntes,
das unerklärt zu ihnen kommt und bleibt.
Und so ist alles, was ihr Blick beschreibt,
von Kindheit an: nicht auf sie Angewandtes,
zu Großes, Rücksichtsloses, Hergesandtes,
das ihre Einsamkeit noch übertreibt.
Als läge er in einem Krater-Kreise
auf einem Mond: ist jeder Hof umdämmt,
und drin die Gärten sind auf gleiche Weise
gekleidet und wie Waisen gleich gekämmt.

Keitum, der hübscheste Ort der Insel, lädt ein zum Verweilen. Vielleicht im »Haus am Watt«, wo man etwas trinken und zu, für Sylter Verhältnisse, erschwinglichen Preisen auch essen kann.
Unter all den Assoziationen, die sich in Keitum aufdrängen, wo die durch Handelsschiffahrt wohlhabend gewordenen Sylter sich ankauften, ist die Kirche unabweisbar, auch wenn wir dadurch noch einmal Zeit verlieren, ehe es weitergeht. Wir sind ja auf unserem Wege von Kampen über Braderup und Munkmarsch gerade an dieser Kirche vorbeigekommen.
Neben dem Kampener Leuchtturm ist die Kirche von Keitum das zweite Wahrzeichen der Insel, nach dem der Anreisende eifrig Ausschau hält. Wenn er Leuchtturm und Kirche sieht, dann weiß er, es gibt sie noch, die Insel, dann beginnt sein Urlaub.
Von den sechs alten Sylter Kirchen sind vier vom Meer oder vom Sand begraben worden: in Rantum (zwei), Eidum und List. Es stehen noch die in Keitum und die in Morsum. Die eine ist dem Heiligen Severin geweiht, die andere dem Heiligen Martin. Beide sind etwa gleich alt, nämlich achthundert Jahre. Beide sind schöne Zeugnisse

romanischen Baustils, die in Keitum ein wenig verschandelt durch den spätgotischen Kirchturm.
Die Morsumer Kirche ist schöner, wenn auch bescheidener, oder gerade deswegen. Die Keitumer Kirche liegt schöner, und sie hat teil an der Sylter Sagenwelt durch die zwei Findlings-Feldsteine, die für jedermann sichtbar in die westliche Außenseite des Turms eingemauert sind. Um sie kreisen Sylter Geschichten von »Ing« und »Dung«, den angeblichen Stifterinnen des Turmes.
Christen sind die Sylter erst im 11. Jahrhundert geworden, und auch dann nicht so richtig. Als im 20. Jahrhundert das Christentum von vielen abgelegt wurde, hatten sie nicht viel abzulegen. Die Keitumer Kirche scheint so recht wie geschaffen für Gelegenheits-Christen: Sie hören dort Orgelkonzerte; sie heiraten dort, wenn sie es sich leisten können; und wenn es dann gar nicht mehr anders geht, lassen sie sich dort begraben. Eigentlich möchte auch ich, Gelegenheits-Christ und braver Kirchensteuerzahler, »wenn es dann gar nicht mehr anders geht«, dort begraben werden.
Jetzt reicht's. Nun aber weiter nach Morsum, herum um die Halbinsel Nösse. Vorsicht, der Weg ist zunächst unbequem. Die Viehweiden der Bauern sind von Natur getrennt durch Priele und künstlich durch Stacheldrahtzäune. Ich erinnere mich: es war recht mühsam, die kleine Tochter und den großen Hund da heil hindurchzukriegen. Bei Ebbe, barfuß und in kurzen Hosen, ist das am ehesten zu bewältigen.
Haben wir drei Kilometer sumpfige Marsch-Wiesen hinter uns gebracht, dann kommen wir wieder auf festen Geest-Boden, der ursprünglich auf Sylt meistens von Heide bedeckt war, heute mit Vorliebe von Häusern, Straßen, Parkplätzen; denn auf die Geest läßt sich bauen, Marsch und Sand sind trügerischer Boden.
An vier Stellen fällt die Insel steil ab zum Wasser: das sind die als Kleinausflugsziele beliebten Kliffs. Sie bestehen vor allem aus gepreßtem weißem Kaolinsand. An der Küste von Braderup ist er fast rein, dort liegt daher das Weiße Kliff. Bei Kampen hat sich über dem Sand noch Geschiebelehm abgelagert, vor allem jedoch ist er mit

Eisenverbindungen durchsetzt, die in der Abendsonne farbig aufleuchten: daher das Rote Kliff. Von einem dritten Kliff, das es am Ortseingang von Hörnum auf der See-Seite zweifellos gibt, redet niemand. Hörnum ist zu weit weg, um in die populärere Insel-Geographie immer ganz mit einbezogen zu werden.
Das Kliff von Nösse ist durch eine starke Beimischung von dunklem Lemonit-Sandstein weniger leuchtend als die anderen. Dafür ist auf seinem Rücken die inzwischen größte zusammenhängende Heidefläche der Insel noch unverfälscht erhalten. Mehr und mehr wird Nösse zum bevorzugten Gebiet für spezialisierte Liebhaber von Flora und Fauna der Insel. Sogar ein kleines Naturkundemuseum wurde dort am Strand eingerichtet.
Morsum ist ein großes Dorf mit viel Luft zwischen den Häusern. Es bestand eigentlich aus sechs Mini-Dörfern: Groß Morsum, Klein Morsum, Wall, Schellinghörn, Osterende und Nösse – ehe es seinerseits eingemeindet wurde in das Super-Dorf Sylt-Ost.
Seit 1927 muß der Insel-Umwanderer auf seinem friedlichen Weg ein Hindernis mehr nehmen: er muß irgendwie über den Eisenbahndamm, der Morsum-Nord von Morsum-Süd trennt. Seitdem ist Morsum auch das erste Dorf, das der Insel-Besucher zu sehen bekommt.
Ein Ring schließt sich. Ganz am Anfang war es nämlich auch schon einmal so. Da schifften sich Besucher vom Festland in Husum ein, auf Segelschiffen zunächst, dann auf Dampfbooten, an deren Ankerplatz in Nösse wir gerade vorbeigekommen sind.
Gustav Freytag beklagte sich über diese beschwerliche Reise in einem Brief vom 7. September 1868: »Von Hamburg über Husum hierher. Eine stürmische Fahrt durch das Inselmeer, die einen langen Tag dauerte, dann noch zwei Stunden bei blasendem Weststurm auf offenem Wagen durch Sand und Heide bis in ein kleines, niedriges Friesenhaus neben der Dünenhalle.«
An die Stelle von Nösse trat dann der Hafen von Munkmarsch, das zur Gemeinde Keitum gehört. Abfahrtshafen auf dem Festland war die Schleuse von Hoyer, bei Tondern. Und wieder mußten die Rei-

senden auch »bei blasendem Weststurm auf offenem Wagen« nach Westerland oder Wenningstedt gebracht werden, bis gegen Ende des Jahrhunderts die einzigen Orte, wo es Hotels und Restaurants für Fremde gab.
Das wurde 1888 besser, als die erste Sylter Inselbahn von Munkmarsch nach Westerland fuhr. Und sie bewährte sich so, daß auch eine längere Strecke von Hörnum am Südende der Insel nach Westerland verlegt und 1901 in Betrieb genommen werden konnte. Inzwischen war nämlich Hörnum zum, bis heute, leistungsfähigsten Hafen der Insel ausgebaut worden, in den bequem Seebäderschiffe einlaufen konnten. Der Inselbahnhof war das erste Haus von Hörnum.
Nach dem Ersten Weltkrieg wurde Tondern mit Hoyer dänisch, was das Hörnumer Geschäft belebte. Trotzdem war die Anreise mühsam und langwierig.
Das alles fing an sich drastisch zu ändern an jenem 1. Juni 1927, als der elf Kilometer lange Hindenburgdamm zwischen Klanxbüll auf dem Festland und Morsum auf der Insel eingeweiht wurde. Jetzt konnte man von Hamburg nach Westerland mit der Eisenbahn fahren.
Damals hörte die Insel auf, eine Insel zu sein, wurde sie künstlich zur Halbinsel gemacht. Vielen war nicht wohl dabei, wie man in Margarete Boies Roman »Dammbau« nachlesen kann: »›Was die Fremden uns Gutes bringen wollen, daran gehen wir noch einmal zu Grunde‹ – so sprach nicht nur Volquart Claasen, so dachten alle Morsumer und die meisten Sylter.«
Solche Befürchtungen sind alt. 1897 erinnerte sich eine Asta Heiberg: »Ältere Bewohner, verständige Männer klagten mir, daß die Insel moralisch mehr verliert, als das Meer ihr raubt. Es herrschten Sittlichkeit, Genügsamkeit, Fleiß und Gehorsam auf dem kleinen Eiland, und jetzt schwindet gar die Nationaltracht. Sie wird verdrängt von der Mode und der Sucht, es den fremden Gästen gleich zu tun ... Die Kultur bringt geistige und körperliche Genüsse, aber sie bringt auch Immoralität, Verweichlichung und Entartung.«
Schon bald wurden auf den Zügen nicht nur Personen, sondern auch

jene Autos befördert, die heute während der Hochsaison den Inselfrieden so erheblich stören. Es fing harmlos genug an: ein Güterzug verkehrte jeden Tag zwischen Klanxbüll und Morsum, um die Benzinkutschen der Firmen Adler und DKW, Horch und BMW überzusetzen. Aber nach dem Zweiten Weltkrieg wurde die Autozugstrecke Niebüll-Westerland zum lukrativsten Geschäft der Deutschen Bundesbahn. Zwölftausend Autos wurden im Jahr 1948 über den Damm befördert; 1980 war es bereits eine halbe Million. Viele warnen vor einem Untergang der Insel in Blech und Gestank.
Ernsthafte Versuche, die Insel für Autos unattraktiv zu machen, wie sie etwa auf Norderney so erfolgreich unternommen wurden, hat es auf der Insel nie gegeben. So konnte sich ein Ferienstil entwickeln, der das Auto inzwischen zum wirklich kaum noch entbehrlichen Transportmittel gemacht hat. Denn wie sonst sollte jemand aus dem »Seebad« Morsum, das es ja seit 1958 praktisch auch gibt, zum angemieteten, fünfzehn Kilometer entfernten Strand nach Rantum kommen? Und wie eine sparsam wirtschaftende Familie in Kampen zum Supermarkt nach Westerland? Es war kurzsichtig, 1970 die Inselbahn, die damals Westerland mit Hörnum und List, den Norden der Insel mit dem Süden, verband, eingehen zu lassen. Sie war ja nur dadurch unrentabel geworden, daß man es den Autos zu leicht und zu billig gemacht hatte. Das ideale, bequeme, hübsch anzusehende Inselgefährt, das die Umwelt schonte und einen Hauch von Bimmelbahn-Romantik in das Inselleben brachte, wurde verdrängt durch Hunderte, Tausende, Zehntausende von Autos, so daß sich der Großstädter während der Hochsaison ganz wie zu Hause fühlen kann. Nicht freilich, wenn er auf dem Deich mit uns weiterwandert von Morsum an Archsum und Tinnum vorbei auf dem Wege nach Rantum. Da begegnet ihm kein Auto, kaum ein Mensch.
In frühgeschichtlichen Zeiten war dies einmal der beliebteste Teil der Insel: geschützt vor den wüsten Westwinden, nach Süden offen und doch im Windschatten des Festlandes und der Insel Föhr. Ausgrabungen in den Gemeinden Archsum und Tinnum geben immer neue Aufschlüsse, ohne daß dadurch die Vorstellungen von der Insel Sylt

zu Beginn unserer Zeitrechnung schon ganz klar geworden wären. Man spricht von der »Wikinger-Zeit«. Wie sich die »Wikinger« zu den »Friesen« verhalten und wie diese zu den »Angeln«, »Sachsen« und »Jüten«, ist noch recht ungewiß. Dabei brauchen die Schwierigkeiten nicht im Gegenstand der Betrachtung – den ersten historischen Bewohnern des skandinavischen und deutschen Nordens – zu liegen; sie rühren sicher teilweise her von unserem durch mancherlei Zufälligkeiten bestimmten Sprachgebrauch. Es dürfte sich in jedem Falle um politisch bald befreundete, bald verfeindete Völkerschaften gehandelt haben, die sich ethnisch kaum voneinander unterschieden. Sie alle repräsentierten den Typus des »nordischen Menschen«, der die Theoretiker des Rassenkampfes so sehr faszinierte und mit so unheilvollen Folgen.

Solche Überlegungen mögen dem kommen, der in Büchern gelesen hat und nun vor der sogenannten Tinnumburg steht. Auf sie stößt der Inselumwanderer nicht zufällig, die muß er suchen und finden. Ein bis zwei Kilometer nachdem der Deich von südwestlicher Richtung nach Nordwesten gebogen ist, kommt der Wanderer an einen breiten Graben, das Waadens-Sil. Wo dieses den Geest-Kern erreicht, etwa zwei Kilometer landeinwärts, findet sich ein fast kreisrundes Oval von etwa achtzig Metern Durchmesser, umgeben von einem bis zu zwanzig Meter breiten und über fünf Meter hohen Wall, grasbewachsen, in der Mitte sumpfig.

Die Tatsache, daß wir von noch zwei weiteren solchen »Burgen« auf der Insel wissen, in Archsum und bei Rantum, aber auch nur von zweien, und daß sie alle an Wasserläufen liegen, die einmal schiffbar gewesen sein dürften, führt die Gelehrten zu der Annahme, daß es sich hier ursprünglich nicht um Siedlungen oder Fluchtburgen der einheimischen Bevölkerung (wie immer wir die Leute nennen mögen) handelt, sondern um Verteidigungsbollwerke zum Schutz der Westküste, die Bunker der Römerzeit gewissermaßen.

Sie mögen so angelegt worden sein. Tatsache ist jedoch, daß die Anlagen später, im 5. bis 12. Jahrhundert, eher trutzige Siedlungen waren als militärische Einrichtungen. Tatsache ist auch, daß die Grabhügelfelder aus der Eisenzeit und aus der Wikingerzeit gerade hier zwischen Morsum und Archsum von einer durchaus bemerkenswerten einheimischen Bevölkerung zeugen, wenn man nicht die kühne These aufstellen wollte, dort lägen nur die Bunkerbesatzungen begraben.

Die Gräberlandschaft reizt zu Spekulationen über Sylter Vorgeschichte. Da sieht es zum Beispiel so aus, die Anhäufung von Gräbern deutet darauf hin, als ob in der jüngeren Steinzeit und in der Bronzezeit der untere Norden der Insel, zwischen Westerland und Kampen, das bevorzugte Wohngebiet gewesen wäre, während dann eben, zweitausend Jahre später, eine Wanderung nach Südosten stattgefunden hätte. Aber wer weiß: vielleicht haben die auch nur ihre Friedhöfe verlegt.

Wir nähern uns einem der reizvollsten Stücke des Weges, der uns mehr als hundert Kilometer rund um die Insel führt: dem Damm zwischen dem Wattenmeer auf der Linken, dem Vogelschutzgebiet des Rantum Beckens auf der Rechten. Wollte einer die hier eher als Leitfaden der Erzählung gedachte Wanderung wirklich machen, was sich gewiß lohnte, dann brauchte er dafür etwa eine Woche, und Rantum wäre Übernachtungsstation.

Rantum-Inge heißt das anspruchsvolle Gästehaus des noch immer kleinen Dorfes. Es weckt, gewiß nicht ohne Absicht, Erinnerungen an eine der vielen Sylter Legenden und Sagen, die vom Kampf der Riesen mit den Zwergen, des Königs Bröns gegen den König Finn berichten und von den Hexen, die auf dem Buder in Hörnum ihren Tanzplatz hatten. Hexen muß es auf einer solchen Insel viele gegeben haben. Es gibt wohl auch heute noch einige.

Ekke Nekkepenn ist der Name des friesischen Poseidon, des Herrschers der Meere. Als sein Weib Ran in den Wehen lag, wußte er nichts Besseres, als sich von einem Sylter Schiff die Frau des Kapitäns als Geburtshelferin herunter auf den Meeresgrund zu holen. Sehr gegen den Willen ihres Mannes half die Kapitänsfrau dem Meerweib, ein Seekalb zu gebären, und wurde dafür reich belohnt. Doch hatte sich Ekke dabei in die Hebamme verliebt. Und als seine Ran immer runzliger und unansehnlicher wurde, beschloß er, die Frau des Kapitäns zu der seinen zu machen, nicht bedenkend, daß auch jene inzwischen in die Jahre gekommen sein mußte. Sein Entschluß führte ihn nach Rantum, wo er auch im Taatjemglaat, dem Küsse-Tal, diejenige traf, die er für die von ihm geliebte Frau halten wollte. Es war freilich deren Tochter Inge, der Mutter zum Verwechseln ähnlich, glücklicherweise jedoch viel jünger. Er steckte ihr, nach der Art reicher Freier, einen kostbaren Ring auf den Finger und behauptete, nun sei sie sein. Göttergleich erhaben über kapitalistische Verführungskünste, gestand er der sich auf altmodische Sylter Jungfernart Sträubenden märchenhafterweise zu, sie solle frei und von ihm verschont bleiben, wenn sie seinen Namen erriete. Dann feierte er, woher sollte sie wissen, wer sich hinter seiner Biedermanns-Maske verbarg, so recht nach Rumpelstilzchenart in den Dünen und sang:

Heute will ich brauen,
Morgen will ich backen,
Übermorgen will ich Hochzeit machen.
Ich heiße Ekke Nekkepenn;
Meine Braut ist Inge von Rantum,
Und das weiß niemand als ich allein.

Aber natürlich war Inge so recht wie ein Krimi-Detektiv im entscheidenden Augenblick in Hörweite und konnte am nächsten Tag dem Ekke Nekkepenn sagen: Du heißt Ekke Nekkepenn. Den Schluß erzählt mein Kronzeuge Julius Rodenberg so:
»Da kehrte der Meergott zu Ran, seiner Gemahlin, der er lange untreu gewesen war, zurück, und sie – die Mutter der Wellen und Stürme, der Überschwemmungen und Schiffbrüche – rächte sich an Sylt und zerstörte Rantum und Eidum und nagt an den Dünen von Hörnum in jeder stürmischen Frühlingsnacht, bis alles dahin sein wird.«
Und, beim Nekkepenn, Ran hat ihre Drohungen wahr gemacht, wobei ihre Urheberschaft für die Sylter Katastrophen schon dadurch

bewiesen ist, daß es viele Orte auf der Insel im Laufe der Jahrhunderte heftig getroffen hat, List wie Eidum wie Hörnum, aber keinen so heftig wie Rantum. Erfüllungsgehilfen der Ran waren das Meer und der Sand.

Die Insel rettet ihr Leben von Sturmflut zu Sturmflut; und nie ist sie danach noch die gleiche wie vorher. Kein Angriff des Meeres soll die Gestalt der Insel so sehr verändert haben wie die Sturmflut des Jahres 1362, vom Chronisten die große »Manndränke« genannt, weil Tausende von Menschen dabei ertrunken sein sollen. Im Jahre 1570 war es dann die »Allerheiligenflut«, 1634 die »Buchardiflut«; 1917 wurde ein Stück von Hörnum weggerissen, 1936 kam das Unheil schon im Oktober, und wir Heutigen erinnern uns, wie im Januar 1976 auf einmal der Ellenbogen vom Rest der Insel abgetrennt schien und das Meer auch nördlich von Kampen durchzubrechen drohte.

Es hat schon gute Gründe, wenn der Festländler, der sich nach den Winterstürmen dem Ritual folgend immer um Ostern zum erstenmal wieder auf den Weg zu der geliebten Insel macht, beim ersten Anblick des Leuchtturms von Kampen und der Kirche von Keitum nicht nur Wiedererkennensfreude spürt, sondern auch eine Art von Erleichterung.

Der königlich dänische Mathematiker Johannes Mejer aus Husum rekonstruierte kartographisch die Insel, wie sie seiner Ansicht nach vor der großen Manndränke, also bis 1362, ausgesehen hat. Sie ist auf seiner Karte nicht wiederzuerkennen: ein molliges Ovalrund mit mancherlei Seen und Wassereinbrüchen, vom Festland kaum getrennt. Mejer machte sich dabei die noch heute akzeptierte Auffassung zu eigen, daß Sylt bis nach der Eiszeit Teil des Festlandes, eines »Westlandes« gewesen sei. Für seine eigene Zeit, 1648, zeichnete Mejer die Insel dann freilich schon so, daß wir sie heute noch durchaus wiedererkennen können. Sollte eine einzige Flut sie wirklich derart drastisch verändert haben können?

Nach 1362 bewirkten Sturmfluten jedenfalls keine so tiefgreifenden Veränderungen mehr. Sie nagten immer nur an der Westküste, der sie jedes Jahr im Durchschnitt einen Meter abrissen. Wir alle, die wir

1953 noch die Seenotstelle im Norden Westerlands hatten stehen sehen, staunten beim obligatorischen Osterbesuch 1954: sie war nicht mehr da. Genauso erging es der alten »Sturmhaube«, dem Strand-Restaurant von Kampen. Eine neue »Sturmhaube« wurde weit landeinwärts gebaut; auch sie rückt Jahr für Jahr einen Meter näher ans Wasser.
Ganze Dörfer wurden leichter noch ein Opfer des Sandes als der See. Alt-List (Listum), Alt-Blidsel (Blidsum oder Blydum) und Alt-Rantum sollen auf diese Weise verschwunden sein.
Rantum verschwand – oh, Ran! – gleich mehrfach, und sein letztes Verschwinden hat unser Kronzeuge Julius Rodenberg 1859 noch miterlebt:
»Die Insel soll in 190 Jahren bereits gegen zwei Fünftel ihres Areals verloren haben (das ist sicher stark übertrieben – Anmerkung des Heutigen); an der Westseite aber und ihrem langgestreckten Ende ist diese Abnahme am bemerkbarsten. Man sieht hier Jahr für Jahr ein Stück nach dem andern hingehen; der Name eines Dorfes, welches vor Zeiten hier (in Westerland) gelegen, Alt-Eidum, findet sich auf der Karte weit ab von dem äußersten Küstenrande, mitten in der tiefen See, wo sie schon seit mehr als einem Jahrhundert frei an- und abläuft.
Die traurigste Geschichte aber, weil sie sich zum Teil noch vor unseren eigenen Augen zuträgt, hat das Dorf, welches am Eingang zu dieser der Zerstörung verfallenen Welt, halb verschüttet im Sande, halb versunken in der See liegt. Das Dorf heißt Rantum, und es ist die letzte menschliche Wohnstätte, bevor man sich in die Wüstenei der Dünen und des Meeres zu beiden Seiten verliert.
Die Sylter sprechen mit Wehmut von diesem Dorfe; sie sehen in ihm das Schicksal ihrer ganzen Insel. Sie nennen es das ›ehemalige‹ Dorf und erzählen von den alten Häusern, in denen sie manche fröhliche Stunde verlebt, und den alten Leuten, die einst darin gewohnt und deren Gräber jetzt weit hinaus in der Nordsee liegen.
Vor etwa 100 Jahren stand noch die alte Kirche. Darauf aber, nachdem das Dorf von dem westlichsten Teil der daneben gelegenen

Ackerländereien bis auf den östlichsten Teil derselben verlegt worden war, mußte endlich auch die Kirche versetzt werden.
Vor 80 Jahren standen noch gegen 40 Häuser um diese neue Kirche herum, und jetzt ist keine Spur mehr vorhanden, weder von dem Dorfe noch von der Kirche.
›Sowohl die Stelle‹, heißt es in Booysen's ›Beschreibung der Insel Sylt‹ aus dem Jahre 1828 – sie erschien in Schleswig; der Verfasser war, wie er im Vorwort sagt, ein ›ehemaliger Seemann‹ –, ›wo die Kirche stand, als wo die Häuser standen, ist schon unter den Wellen der Nordsee verschwunden; bloß dreizehn, zum Teil sehr elende, von den Einwohnern des vorigen Rantum erbaute Hütten, ein wenig südostwärts vom ehemaligen Rantum, dienen noch als Beweis, daß in der Gegend ehedem ein Dorf dieses Namens gewesen ist und führen noch diesen Namen; diese werden von sechzig Einwohnern bewohnt.‹
So vor dreißig Jahren. Heute hat Rantum nur noch fünf von Sand und See bedrängte Hütten mit 36 Einwohnern, die – von aller Steuer frei – seit Anfang dieses Jahrhunderts, wo ihre Ländereien ins Wasser gingen, von ihren Schafen, ihren Fischen und dem kümmerlichen Erlös des Dünengrases, aus dem sie Stricke drehen, leben.«
Seitdem sind wieder mehr als hundert Jahre vergangen. In dieser Zeit hat sich Rantum besser gehalten; ob nun die Rachegelüste der Ran befriedigt sind oder ob moderne Küstenschutzmaßnahmen doch etwas geholfen haben, bleibt offen.
Auch der Keitumer Christian Peter Hansen ist der Ansicht, daß man früher auf der Insel leichtfertiger verfuhr: »Im 15. und 16. Jahrhundert ließ man dem Flugsand wie dem Sturm freien Lauf ins Land. Der Sand der Dünen stob dann bei anhaltenden, heftigen Stürmen oft in dem Grade über die benachbarten Felder, daß ganze Wiesen- und Weidenstrecken damit bedeckt und unfruchtbar, ja, ganze Ackerflächen und Dörfer dadurch verwüstet wurden.«
Heute ist Rantum wieder ein richtiges Dorf geworden mit mehr als sechshundert Einwohnern, und ein besonders hübsches dazu. Es hat wieder eine kleine, höchst moderne Kirche und an die dreihundert

Häuser, die nicht alle so prächtig sind wie das Gästehaus Rantum-Inge unten am Watt, die sich jedoch allesamt zu Recht weigern würden, auf den Namen »Hütten« zu hören.
Wo immer es möglich war, hat man die Häuser auf Sandberge gestellt, wo sie nun stehen wie lauter kleine Schlößchen, gerüstet zur Abwehr gegen Wasser und Sand. Es ist zu wünschen, daß ihre Verteidigungsbereitschaft nicht auf eine allzu harte Probe gestellt wird. Die Insel ist gerade hier in Rantum kaum mehr als vierhundert Meter breit. Diejenigen, die nur mit dem Auto durchfahren, auf der einen Hauptstraße zwischen Westerland und Hörnum, merken davon freilich nichts. Sie sehen zuweilen das Watt auf der einen Seite; aber die See auf der anderen Seite ist, so dicht sie an die Straße heranreicht, noch immer hinter Dünen verborgen. In Rantum durften Häuser auch in die Dünen hineingebaut werden; sonst ist ja zwischen Meer, Straße und sumpfigen Marschwiesen kein Platz mehr.
Durch diese sumpfigen Marschwiesen gehen wir weiter in Richtung Süden, in Richtung Hörnum. Von einer »Wüstenei der Dünen und des Meeres« kann keine Rede mehr sein. Aber an anderer Stelle schreibt Rodenberg, nachdem er Rantum passiert hat: »Dieses sind die letzten Häuser und die letzten Menschen; von hier bis an's Ende des Landes, wo die weite See beginnt, die ununterbrochen zwischen dem Sand von Hörnum und den Kalkfelsen von Kent rollt, ist alles totenstill, nur die Stimmen der Natur und das Brüten der Einsamkeit ist zu vernehmen.«
So sehr viel anders trifft es der Fußgänger auch heute noch nicht an, nicht einmal in der Hochsaison. Aller Verkehr konzentriert sich auf die Straße und den Strand. Unten am Watt trifft man mehr Tiere als Menschen: Muscheln und Möwen, Ringelwürmer und Seeigel, Austernfischer und Strandläufer.
Auf der Hälfte des Weges wird die Watteinsamkeit unterbrochen durch ein Kinderheim bei Puan Klent. Und danach gibt es ja Hörnum wieder, das Dorf, das es zu Zeiten Julius Rodenbergs nicht gab. Es fängt an mit einer riesigen militärischen Anlage, die ein reiner Anachronismus ist; denn keine kriegerische Auseinandersetzung,

welcher Art auch immer, ist heute noch denkbar, in der Hörnum irgendeine Rolle spielte. Früher drohte die Bundeswehr harmlosen Insel-Umwanderern, die ihr Gelände nicht respektierten, von der Schußwaffe Gebrauch zu machen. Sie hat jedoch auf eine kleine Zeitungskampagne sehr freundlich reagiert, und jetzt führt am Kasernengelände entlang der schönere, weniger frequentierte Teil der Strandpromenade von Hörnum: die längste und schönste Strandpromenade der Insel, wenn man so will; führt sie doch eben von den Bundeswehrkasernen an der Wattseite am Hafen vorbei, wo ein besonders häßliches kleines Industriegelände entstanden ist, über die eigentliche Strandpromenade im Süden der Insel, gegenüber von Föhr und Amrum, und danach über Hörnum Odde, eine riesige Sandfläche, immer um den Hörnumer Leuchtturm herum und endet, nach anderthalbstündiger Wanderung, am Seebadestrand Hörnum.

Ehe wir noch ganz am Badestrand sind, sehen wir sie schon von fern wie Versteinerungen riesiger Kraken, zu Kolonien miteinander verhakt: die Vierbeiner, Tetrapoden aus Beton, jede vier Tonnen schwer. Sie sind der vorletzte Schrei in Sachen Küstenschutz.

Seit mehr als hundert Jahren, die ersten Berichte datieren von 1869, versucht man, die Gewalt der Wellen zu brechen, indem man ihr Wände vorschiebt: Buhnen, die vor allem Strömungen entlang der Küste, die ja die stärkste Wegreißkraft haben, als Wellenbrecher begegnen sollten. Zunächst verwendete man Steinpfähle, dann ab 1927 Eisenplatten.

Die berühmt-berüchtigte Kampener Buhne 16 ist eine solche Eisenbuhne, die heute zu nichts mehr dient, als unvorsichtigen Schwimmern den Bauch aufzuschlitzen. »Vorsicht, Buhnenreste!« warnen daher Schilder überall dort an der Küste, wo Eisenbuhnen eingesetzt waren.

Noch einmal versuchte man das Buhnenprinzip, diesmal mit Stahlbetonpfählen. Auch sie hielten nicht, was man sich von ihnen versprochen hatte. Danach kamen dann eben die Tetrapoden, die in Frankreich entwickelt worden waren. Der Trick dieser Stehauf-Sau-

Nebensachen, wo Wind und Wellen von weit her und weit hin gehen, im Raum wie in der Zeit; wo die Landschaft der Wanderdünen uns zu Mondfahrern macht, die auch so einsam sein können wie die Männer auf dem Mond; wo wir an die Vergänglichkeit all dessen, was heute ist, heftiger, inniger gemahnt werden als anderswo. So empfand es auch Julius Rodenberg, ein Wanderer des 19. Jahrhunderts, der uns, die Wanderer des 20. Jahrhunderts, begleitet hat:
»Die Insel Sylt ist das äußerste Stück deutschen Landes, wo noch deutsch geredet und deutsch gefühlt wird. Das wilde Meer, nirgends wilder als an diesen Küsten, hat dieses Stück schon seit Jahrhunderten von der mütterlichen Erde des Festlandes abgerissen; wie ein verlorener Posten steht es in der einsamen Wasserwüste, dem zerstörenden Andrang des Meeres preisgegeben. So sehen wir von der deutschen Küste, dem deutschen Meere aus, die Insel langsam untergehen. Es ist nicht, weil sie besonders groß oder schön oder wertvoll für uns wäre, daß wir sie wehmütig betrachten; aber mit ihr geht ein Teil von uns selber, ein schönes Stück unserer eigenen Vergangenheit hinunter, und ihr Verlust erinnert uns an vieles andere, was wir schon verloren.« Dir, Kollege, der du das vor mehr als hundert Jahren schriebest, gestehe ich: So ist es.

Der Munkmarscher Hafen mit der Inselbahn bei der Ankunft der Badegäste. – Als der Badebetrieb sich auszuweiten begann und in den achtziger Jahren immer mehr Gäste mit Raddampfern über die dänische Hoyerschleuse nach Munkmarsch kamen, entschloß man sich 1888 zum Bau einer Schmalspurbahn zwischen Munkmarsch und Westerland. Nach knapp zwei Monaten Bauzeit fuhr der erste Zug am 8. Juli 1888 über die vier Kilometer lange Gleisstrecke nach Westerland. – Photo: 1889 (Syltbild Stöver).

Der 1888 gebaute Westerländer Ostbahnhof. – Nur 12 Minuten betrug die Fahrzeit der mit knapp 20 Stundenkilometern dahinzuckelnden Inselbahn, die den Transport der Gäste mit meist offenen Pferdefuhrwerken überflüssig machte. Der Fahrpreis war eine Mark, und im Winter ruhte der Betrieb. – Photo: Um 1890 (Photohaus Pförtner, Westerland).

Die Strandstraße in Westerland, nach Osten gesehen. – Typisch für die Zeit vor dem Ersten Weltkrieg die kleinen Lädchen links und rechts der Straße – vorn links das Fruchthaus J. Simonson; rechts im Hintergrund das noch heute stehende »Haus Liselotte«. Davor erheben sich heute die Hochhäuser des Kurzentrums. – Photo: 1908 (Syltbild Stöver).

Südfrüchte

Die holzbeplankte Kurpromenade mit der alten Musikmuschel, die zum Meer offene »Hauptstraße« Westerlands, schon damals ein Ort der müßigen Begegnung, des Sehens und Gesehenwerdens. – Photo: 1907 (Syltbild Stöver).

Der Vorläufer der Steinpromenade war die hier photographierte hölzerne Kurpromenade von Westerland, die 1911 abbrannte. Wie die Schilder zeigen, hatte jedes Westerländer Hotel, das etwas auf sich hielt, an der Promenade seine Restauration, damit seine Gäste in unmittelbarer Strandnähe speisen konnten. – Photo: 1904 (Syltbild Stöver).

Diner's
von 12–3 Uhr
à Couvert Mk. 2.50 und höher
Halle zum deutschen Kaiser

Auf der hölzernen Kurpromenade in Westerland. – Noch gibt es keine Anzeichen einer legerer werdenden Inselmode; vorherrschend ist die Stadtkleidung der besseren Kreise in ihrer ganzen steifleinernen Feierlichkeit. – Photo: 1909 (Photohaus Pförtner, Westerland).

Das Familienbad in Westerland erregte 1902, im Jahr seiner Gründung, weltweites Aufsehen und große Skepsis. Letztere unberechtigt, wie sich bald herausstellen sollte, als die »Sylter Kurzeitung« schrieb: »All' die Vorurteile und Befürchtungen, welche allzu ängstliche Gemüter schon im voraus beunruhigt hatten, wurden glänzend widerlegt. In der lebensvollen Wirklichkeit sieht eben ein Familienbad ganz anders aus als auf dem Papier und in den Köpfen.« Nur Junggesellen – beiderlei Geschlechts – blieb vorerst diese »lebensvolle Wirklichkeit« verschlossen ... – Photo: 1902 (Photohaus Pförtner, Westerland).

Das Badepersonal von Westerland, auf der von der hölzernen Promenade auf den Strand herabführenden Treppe. – Schon damals spielte das Badepersonal im Service-Angebot des Seebades Westerland eine wichtige Rolle, es hielt den Strand sauber, wartete die Badehäuschen und achtete auf einen geordneten Ablauf des Badelebens. – Oben der Badearzt Dr. Nicolas. – Photo: 1910 (Photohaus Pförtner, Westerland).

Auf dem hochrädrigen Rettungsschwimmerwagen posieren Strandwärter und ein Rettungsschwimmer für den Photographen. Nicht selten wurden und werden die der Natur entfremdeten Badegäste von der unberechenbaren Gewalt des Meeres überrascht, so daß ein Rettungsdienst schon früh den Badebetrieb sichern mußte. – Photo: Um 1920 (Photohaus Pförtner, Westerland).

Mit der zunehmend handlicheren photographischen Technik, mit empfindlicherem Aufnahmematerial und kürzeren Verschlußzeiten, wurde ein neuer Beruf geboren: der Strandphotograph, der sich nicht selten ins Wasser wagte, um seine Klientel in der tosenden Brandung abzulichten. – Um 1920/25 (Photohaus Pförtner, Westerland).

Pförtner
Strandpromenade

Eine Kaffeestunde im Strandkorb, dessen Aussehen sich bis heute kaum verändert hat, sieht man einmal von der nationalstolzen, schwarz-weiß-roten Beflaggung ab, die nach 1871 üblich wurde. Den beiden jungen Damen – vielleicht Berlinerinnen – wurde Kaffee und Kuchen noch am Strand serviert, eine bis zum Ersten Weltkrieg übliche Leistung der Westerländer Restaurationsbetriebe. – Photo: Um 1910 (Syltbild Stöver).

Das Feiern am Strand hat Tradition, wie dieses Photo einer launigen Gesellschaft zeigt. Offensichtlich auch die Strandburgen, die inzwischen an den Stränden aller Welt zum Zeichen deutscher Badekultur geworden sind. Der Gerechtigkeit halber sei angemerkt, daß sie auf Sylt auch vor dem ständig wehenden Wind schützen. – Photo: Um 1905 (Syltbild Stöver).

Hier finden
Junge Damen
liebevolle
Aufnahme

Mit Südwestern, Ruder, Gewehr und Rettungsring posieren diese drei Badegäste im photographischen Atelier vor einer gemalten Brandungskulisse. Solche Photos verschickte man als Postkarten, um den Daheimgebliebenen das rauhe Kolorit eines »Abenteuerurlaubs« an der See zu vermitteln. – Photo: Um 1910 (Altonaer Museum, Hamburg).

Westerland
Sylt.

Im Sommer 1887 besuchte Theodor Storm die Insel; hier – links im Strandkorb sitzend – mit Freunden am Strand in Westerland. Von Christoph von Tiedemann angeregt, skizzierte er den Stoff zur »Sylter Novelle«, die er allerdings nicht mehr vollenden konnte. Am 14. August 1887 schrieb er in sein Tagebuch: »Prächtige Dünen. Auf der Spitze einer Düne sitzend, erzählte mir Tiedemann die von ihm tags zuvor erdachte Novellenskizze. Ich habe sie notiert.« Storm starb am 4. Juli 1888. – Photo: 1887 (Syltbild Stöver).

Mit den vor dem Strand von Westerland ankernden Kuttern konnte man um die Jahrhundertwende Lustfahrten nach List und Hörnum unternehmen. – Photo: Um 1900 (Syltbild Stöver).

Das Nacktbaden auf Sylt hat eine lange Tradition. Schon um 1850 hatte der Sylter Arzt Jenner empfohlen: »Unter allen Umständen bade man ohne Kleider... Denn nicht nur hindern die Kleider, auch wenn sie noch so dünn sind, die Wirkung des Wellenschlages, sondern sie vereiteln gar leicht den Erfolg des ganzen Bades dadurch, daß sie den durch den Wellenschlag erwärmten Körper durch das Anschlagen im nassen Zustande beim Hinausgehen aus dem Wasser wieder durchkälten.« – Das Photo gilt als erste FKK-Aufnahme auf Sylt. – Photo: 1912 (Syltbild Stöver).

Das 1893 abgebrannte Konversationshaus wurde 1895 durch den Neubau des Westerländer Kurhauses ersetzt, das heute als Rathaus und Spielbank dient. Das Kurhaus enthielt eine Restauration und den Kursaal. Der große Festsaal wird noch heute für Tanzveranstaltungen benutzt. – Photo: Um 1900 (Photohaus Pförtner, Westerland).

Westerland, von den Stranddünen nach Süden gesehen. Im Vordergrund die heutige Strandstraße mit zahlreichen Kaufbuden, im Hintergrund das wachsende, damals moderne Westerland mit dem ehemaligen »Grand Hotel«. Den noch unbebauten Mittelgrund nimmt heute das Kurzentrum ein. – Photo: 1896 (Syltbild Stöver).

Eiskeller
der Wild&Geflügel Handlung.
Georg Daab.
Cigarren-Cigaretten.
Personen-Waage

Dieses dreigeschossige Gästehaus mit vorgeblendeten Galeriebalkonen stand an der Norderstraße, wo Westerland – wie der Rand der Bauzone links zeigt – sich in noch weitgehend unberührtes Terrain auszudehnen begann. Neben den neuen Hotels trug vor allem eine Reihe solcher Gästehäuser zur raschen Vermehrung des Zimmerangebots um die Jahrhundertwende bei. – Photo: Um 1900 (Syltbild Stöver).

Das Hotel »Zum Deutschen Kaiser« in der Maybachstraße in Westerland. – Der erste Badekarren wurde 1855 an den Strand gerollt, das erste Hotel – die »Dünenhalle« – 1857 gebaut, und um die Jahrhundertwende kamen jährlich bereits zehn- bis elftausend Badegäste, die auch an den Komfort ihrer Unterkunft einige Ansprüche hatten und damit das noch junge Seebad vor strukturelle Probleme stellten, deren pragmatische Bewältigung eine weitsichtige Planung erschwerte. – Photo: 1902 (Syltbild Stöver).

HÔTEL
ZUM DEUTSCHEN KAISER

»Bomhoff's Logirhaus« in der Steinmannstraße in Westerland. Stolz warb der Prospekt mit »elektrischem Licht und fliessendem Wasser« und versprach »hohe luftige Zimmer«. Vorbei ist für Westerland die Zeit der niedrigen Reetdachhäuser; dieser Bau hätte so auch in einer beliebigen Großstadt stehen können. – Photo: 1911 (Syltbild Stöver).

Bomhoff's Logirhaus.

Eine größere und elegantere Kollektion als »Orths Mode Bazar« konnte auch die Großstadt nicht bieten. In den Räumen des ehemals führenden Modegeschäftes der Insel an der Maybachstraße, Ecke Wilhelmstraße, ist heute eine Bank untergebracht. – Photo: 1904 (Syltbild Stöver).

Die Postbediensteten mit der Saisonverstärkung vor dem Kaiserlichen Postamt. – Heinrich von Stephan, erster Generalpostmeister des Deutschen Reiches, war häufiger Gast auf Sylt und der Insel besonders verbunden. Seiner Initiative war es zu verdanken, daß Sylt schon 1892 ein Kaiserliches Postamt hatte und noch vor der Jahrhundertwende durch ein Fernsprechkabel mit dem Festland verbunden wurde. – Photo: 1904 (Syltbild Stöver).

KAISERLICHES POSTAMT

Der Blumenkorso mit festlich geschmückten Wagen zum fünfzigjährigen Jubiläum des Seebades Westerland und zur Verleihung der Stadtrechte im Jahre 1905. – Der Landvogt von Levetzau hatte 1855 den ersten Badekarren am Westerländer Strand aufgestellt und damit den Badebetrieb eröffnet. – Photo: Um 1905 (Photohaus Pförtner, Westerland).

Die Steinpromenade in Westerland mit der neuen Musikmuschel (im Hintergrund). – Nach dem Brand der Holzpromenade am 19. September 1911 und einer Sturmflut am 5. Oktober wurde in der Rekordzeit eines knappen halben Jahres die steinerne Promenade gebaut und noch rechtzeitig zur Badesaison des Jahres 1912 fertig. – Photo: 1912 (Syltbild Stöver).

Theater-Variété
Winter-Garten Berlin
Tantal Lampe
Westerländer
Lawn-Tennis-Turnier

Der Friedhof der namenlosen, an den Strand getriebenen Toten, 1855 eingeweiht, bis 1905 benutzt; seitdem werden die unbekannten Toten auf dem Westerländer Kirchhof bestattet. Der alte kleine Friedhof aber ist geblieben: Obwohl heute von Häusern umschlossen, scheint die Zeit an ihm vorbeigegangen, ist er immer noch eine Oase der Ruhe, ein seltsam rührendes Refugium der Vergessenen. – Photo: 1895 (Syltbild Stöver).

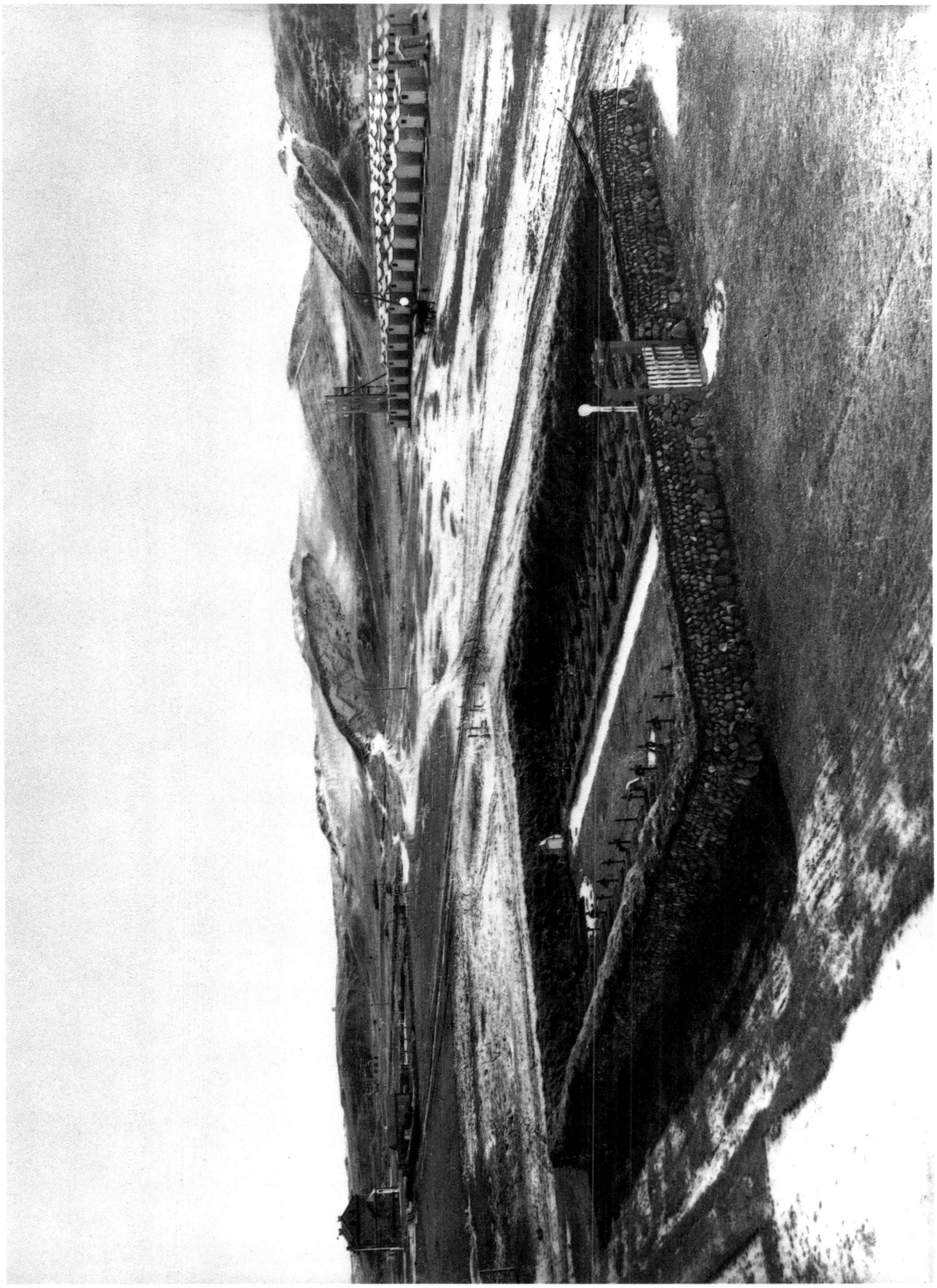

Das 35,5 Meter hohe Leuchtfeuer von Hörnum – hier von Westen gesehen – wies den Bäderschiffen den richtigen Weg in den Hörnumer Hafen. – Der mächtigste Leuchtturm Sylts aber steht seit 1855 auf der höchsten Erhebung der Insel, südlich von Kampen. Sein Ölbrenner mußte seinerzeit jährlich mit etwa 3400 Kilo Rüböl gespeist werden und verbrauchte an die 30 Meter Lampendocht. – Photo: 1907 (Syltbild Stöver).

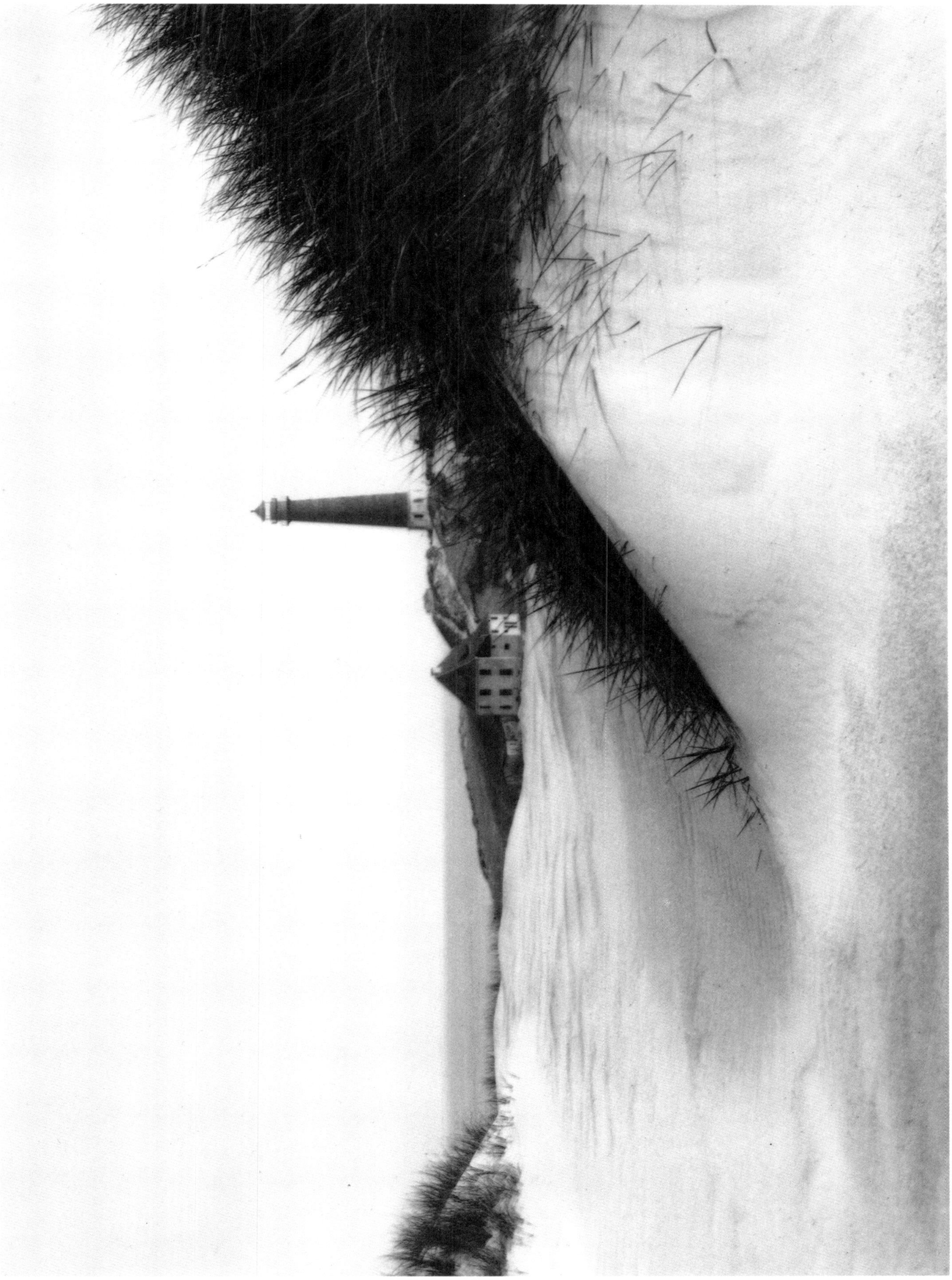

Neben dem Hörnumer Leuchtfeuer wurde 1907 ein eigenartiger Leuchtturmstumpf gebaut, der ein kunstvoll ruinenhaftes, höchst romantisches Aussehen mit einer höchst prosaischen Zweckbestimmung verband: Er enthielt Pumpen und Wasserbehälter für die Südbahn und die Hapag-Bäderschiffe. – Photo: 1907 (Syltbild Stöver).

Friesenhaus südlich von Westerland. – Der reetgedeckte, symmetrisch auf die Dielenachse bezogene Giebelbau ist ein Nachfahre des alten uthländischen Hauses, das – noch giebellos – mit tief herabgezogenem Dach streng nach reinen Zweckmäßigkeitsprinzipien gebaut war: links von der Diele der Wirtschaftsteil beziehungsweise Stall, rechts die Wohnräume mit Küche, Kammer, Stube (Dörnsk) und guter Stube (Pesel). – Photo: 1897 (Syltbild Stöver).

Kaiken Andresen, die in Westerland Am Gaadt wohnte, an ihrem Spinnrad. – Die Schafhaltung spielte schon immer eine wichtige Rolle auf Sylt, einmal wegen des Fleisches, mehr aber noch wegen der Wolle, die auf der Insel gesponnen und verarbeitet wurde. Auch heute noch werden Schafe auf Sylt gehalten, genügsame, widerstandsfähige Tiere, die auch im Winter draußen bleiben. – Photo: 1899 (Syltbild Stöver).

Kinder im Reet. – In den sumpfigen Wiesen hatte man von alters her das Reet für die Hausdächer geschnitten, bis – im »Bauboom« besonders der neunziger Jahre – dieses herkömmliche und gut isolierende, aber nicht leicht zu verarbeitende und brandgefährdete Material immer weniger verwendet wurde. Für die reetgedeckten Neubauten muß es heute aus Polen importiert werden. – Photo: 1896 (Syltbild Stöver).

Die Munkmarscher Mühle, wie auf einem niederländischen Gemälde des 17. Jahrhunderts. Im Hintergrund die Kirche von Keitum, das schönstgelegene Gotteshaus der Insel mit einem weißen romanischen Kirchenschiff und einem spätgotischen Backsteinturm. – Photo: 1872 (Syltbild Stöver).

Der Hafen von Munkmarsch war bis zum Bau des Hindenburgdammes (1927) der bedeutendste Hafen von Sylt: Mehr als vier Fünftel aller Badegäste betraten hier die Insel, und auch ein großer Teil der Fracht wurde hier umgeschlagen – von oder nach Hoyerschleuse. – Photo: 1889 (Syltbild Stöver).

Ein Austernfischer auf seinem Boot. – Die Austern, einst sehr wichtig für die Sylter Fischerei, spielten nach der Jahrhundertwende eine immer geringere Rolle, da ihr natürliches Vorkommen stark zurückging. – Photo: 1888 (Syltbild Stöver).

Als die etwa 50 natürlichen nordfriesischen Austernbänke nach langem rücksichtslosem Raubbau totgefischt waren, wurden 1910 bei List nach holländischem Vorbild Austerngärten angelegt und deren Erträge – bis nach Frankreich! – exportiert. Das Photo zeigt die sorgfältige Verpackung in bereifte Holzfässer, die das Austrocknen der empfindlichen Muscheltiere verhinderten. – Photo: 1912 (Syltbild Stöver).

Der Wenningstedter Dorfteich, schon um die Jahrhundertwende eine dörfliche Idylle, ist heute dicht von Bäumen umstanden und immer noch ein Ort abgeschiedener Beschaulichkeit, die freilich 50 Meter weiter, an der Hauptstraße, endet. – Photo: 1905 (Syltbild Stöver).

Die Vogelkoje von Kampen, in der nach den Fangbüchern von 1809 bis 1921 insgesamt bald 700 000 Enten gefangen wurden. – Eine Vogelkoje besteht aus einem Teich, von dessen Ecken sichelförmige, mit Netzen überspannte Gräben abgehen, in die die Enten gelockt und in deren Endreusen sie durch Halsumdrehen getötet werden. – Insgesamt sind auf Sylt zwei Vogelkojen erhalten; die Kampener dient heute vor allem der Beringung und damit dem Vogelschutz. – Photo: 1880 (Syltbild Stöver).

Das Kampener Rote Kliff – so genannt im Gegensatz zum Weißen Kliff auf der östlichen Inselseite zwischen Braderup und Munkmarsch – mit den ältesten Sylter Dünen überhaupt (sechs- bis achttausend Jahre alt). Im Hintergrund die Strandtreppe, eine mächtige, etwa 20 Meter hohe Holzkonstruktion, die den bequemen Abstieg zum Strand ermöglichte, sowie ein Strandrestaurant, das längst über das Kliff abgestürzt und durch ein neues, weiter landeinwärts, ersetzt worden ist. – Photo: 1908 (Syltbild Stöver).

Hütten der Dünenhalmpflanzer bei Hörnum. – Um den lockeren Sand zu festigen und zu binden, wurde auf Sylt schon sehr früh mit der Anpflanzung von Strandweizen und Strandhafer begonnen. Nur dieser Bewuchs kann den Sand auf Dauer festhalten, während unbepflanzte Dünen etwa zehn Meter im Jahr wandern und ganze Dörfer überfluten können wie etwa Rantum, das seit Jahrhunderten immer wieder von den Dünen bedroht wurde. – Photo: 1890 (Syltbild Stöver).

Eine Jagdgesellschaft vor einer Hütte von Dünenhalmpflanzern. – Bis zur Jahrhundertwende war die Hörnumer Halbinsel ein beliebtes Jagdrevier der Sylter Jäger; erst 1901 wurde das erste Steinhaus errichtet: das Stationsgebäude der Südbahn an der Hörnumer Anlegebrücke. – Photo: 1890 (Syltbild Stöver).

Ein Dünenhalmpflanzer vor seinem Arbeitswagen. – Da nur das Bepflanzen der Dünen die noch im 19. Jahrhundert nicht seltenen Sand-Katastrophen verhindern und die Dünen bändigen konnte, verstärkten die Behörden um die Jahrhundertwende ihre Anstrengungen für den Inselschutz. Arbeitstrupps mit vierrädrigen Arbeitswagen wurden aufgeboten, um die Winderosion und damit die langsame Zerstörung der Insel aufzuhalten. – Photo: Um 1900 (Photohaus Pförtner, Westerland).

Die holländische Kuff »De Spreut« – ein Küstenfrachtsegler – strandete am 30. September 1872 vor Wenningstedt. Bei einem tollkühnen Rettungsversuch des Sylter Seemanns Peter Dirk Eschels kenterte das Boot in der Brandung und drei Mann der Besatzung ertranken. Nur der Kapitän und Eschels konnten ohnmächtig geborgen werden; das Schiff wurde in der See zerschlagen. – Photo: 1872 (Syltbild Stöver).

Die Hilfspoststation Nösse bei Morsum. Sie diente als Orientierungshilfe und Station der offenen Eisboote, die im Winter die Post, vor allem aber auch Hefe für die Bäcker vom Festland holten. Die Boote konnten nur im noch offenen Wasser gesegelt oder gerudert werden, auf vereisten Strecken mußte man sie ziehen. – Photo: 1895 (Syltbild Stöver).

Ein Ruderrettungsboot mit seiner Besatzung. – Nachdem man bei der Strandung der »Reintjedina« im Oktober 1890 nur unvollkommen hatte Hilfe leisten können, gründete der Westerländer Photograph Paul Ebe Nickelsen das »Freiwillige Rettungscorps«, das eng mit der schon seit 1865 bestehenden »Gesellschaft zur Rettung Schiffbrüchiger« zusammenarbeitete. – Photo: 1895 (Syltbild Stöver).

Sylter Kapitäne beim Skatspiel, dem sie sich mit großer Leidenschaft und Ausdauer hinzugeben pflegten. – Vor allem nach Keitum hatten sich früher die reichen alten Kapitäne zurückgezogen, um hier nach ihren abenteuerlichen Fahrten in aller Welt die zweite Hälfte ihres Lebens »in Ruh verdehnen« zu können, wie Julius Rodenberg 1861 schrieb. Ihre charakteristischen Häuser prägen noch heute den Ort. – Photo: 1897 (Photohaus Pförtner, Westerland).

Sylter Kapitänsfrau in ihrer guten Stube, gekleidet in ihre traditionelle Tracht mit gebundenem Häubchen. – Die alte Sylter Tracht ist heute aus dem alltäglichen Leben völlig verschwunden. Schon 1897 beklagte sich eine Asta Heiberg: »Es herrschten Sittlichkeit, Genügsamkeit, Fleiß und Gehorsam auf dem kleinen Eiland, und jetzt schwindet gar die Nationaltracht. Sie wird verdrängt von der Mode und der Sucht, es den fremden Gästen gleich zu tun...« – Photo: Um 1900 (Syltbild Stöver).

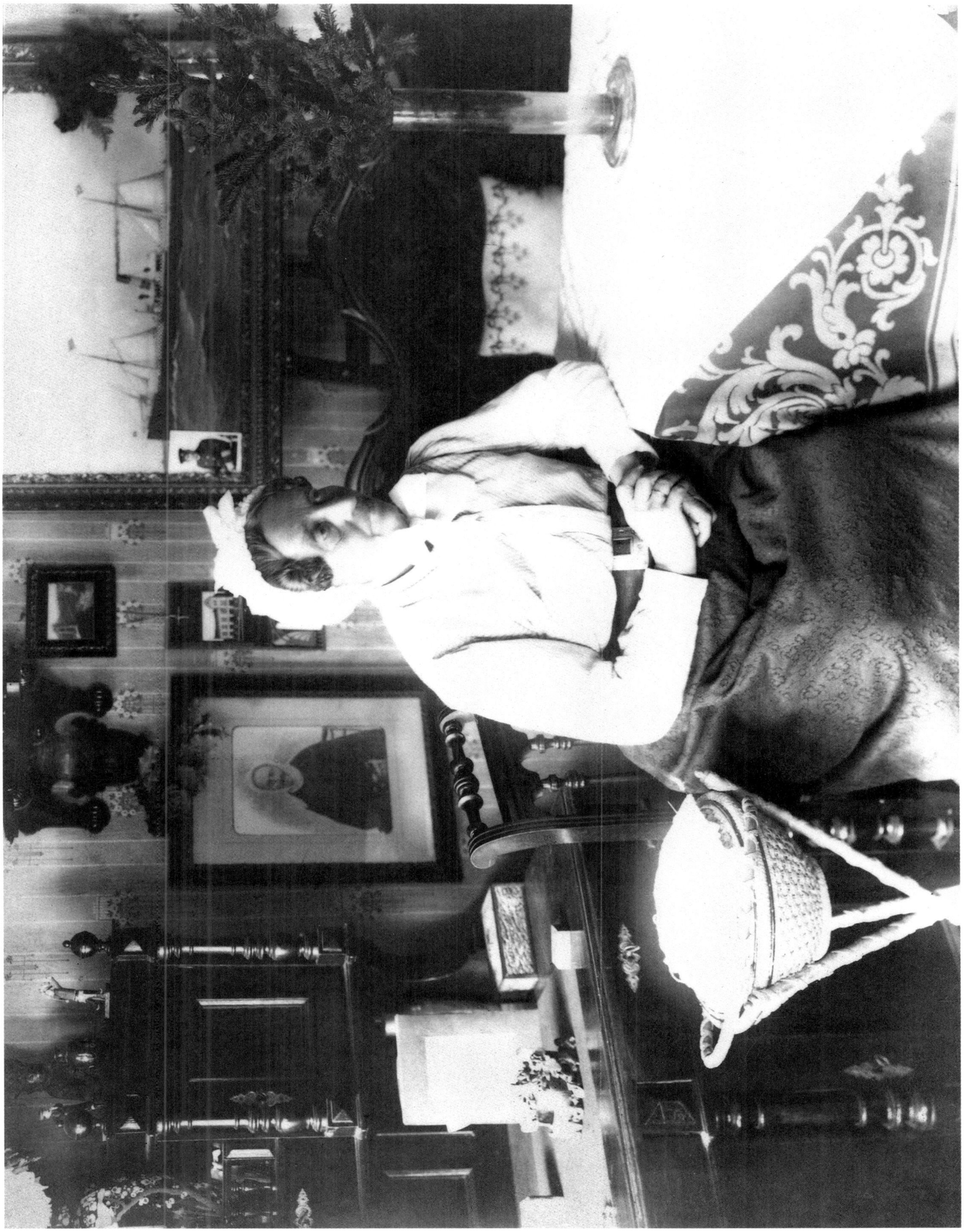

Der Heimatdichter Erich Johannsen (geb. 27.2.1862) vor Haus »Solbalsen« in Keitum. – Meist im Sylter Dialekt, dem Syltringisch, ein dem Fremden kaum verständliches Insel-Friesisch, schrieb Johannsen mehr als 20 Theaterstücke, die sich, wie zum Beispiel »Der Freier von Morsum«, mit Sylter Themen beschäftigen und auch auf der Insel aufgeführt wurden. – Photo: 1904 (Syltbild Stöver).

K B
M K

Das Westerländer Amtsgericht am Kirchenweg im Bau. Damals ein für Westerländer Verhältnisse imposantes Gebäude, das aber heute im Vergleich zur »Skyline« des Kurzentrums zum Beispiel eher heimelig wirkt. – Photo: 1907 (Syltbild Stöver).

Die touristische Erschließung der nördlichen Insel begann mit dem Bau der Nordbahn, die 1903 von Westerland bis Kampen führte und 1908 – nach 17 Kilometern – List erreichte. Ausdrücklich war in der Betriebsgenehmigung die Höchstgeschwindigkeit mit 30 Kilometern in der Stunde festgelegt. Unfälle – auch »leichter Natur« –, die einem »von Mitgliedern regierender Fürstenhäuser benutzten Zuge zustoßen«, mußten gemeldet werden. – Photo 1903 (Syltbild Stöver).

Der Südbahnhof von Westerland. – Seit 1901 verkehrte zwischen der neuen Anlegebrücke von Hörnum und Westerland die von der Hapag betriebene Südbahn. Auf der 14,5 Kilometer langen Bahnstrecke wurden schon im ersten Jahr 15 000 Gäste befördert – lange bevor es eine Straßenverbindung zwischen Hörnum und Westerland gab. – Photo: 1901 (Syltbild Stöver).

Im Sommer 1901 wurde der von der Hapag gebaute, 153 Meter lange Hörnumer Anleger fertig, an dem als erstes Dampfschiff am 1. Juli der Raddampfer »Cobra« anlegte. Unabhängig von den Gezeiten, konnten die Badegäste nun nach Hörnum gelangen und von dort mit der Südbahn nach Westerland. – Photo: 1901 (Syltbild Stöver).